4.1

HISTOIRE

DE L'ANCIENNE

UNIVERSITÉ DE GRENOBLE.

LK
*

2990
11

HISTOIRE

DE L'ANCIENNE

UNIVERSITÉ DE GRENOBLE,

PAR

M. BERRIAT-SAINT-PRIX.

Seconde édition,

INSÉRÉE DANS LE TOME V DE LA REVUE DU DAUPHINÉ.

VALENCE,

IMPRIMERIE DE L. BOREL, RUE SAINTE-MARIE.

PARIS,

C. H. LANGLOIS, RUE DES GRÈS-SORBONNE, 10.

M DCCC XXXIX.

HISTOIRE

DE L'ANCIENNE

UNIVERSITÉ DE GRENOBLE.[a]

———⬩———

On ignore généralement, même à Grenoble, que cette ville ait eu jadis une université. Les deux historiens du Dauphiné, Chorier et Valbonnais, en font, il est vrai, mention; mais le dernier ne

---

[a] Lue d'abord en partie, le 23 septembre 1819, à la Société des sciences de Grenoble (voy. ci-après, note 128), cette histoire le fut ensuite en totalité à la Société royale des Antiquaires de France, les 19 avril et 9 mai 1820, et on l'inséra, en vertu d'une délibération, dans le tome III (p. 391 et suiv.) de ses *Mémoires*, publié en 1821. Des exemplaires en furent enfin tirés séparément.

Depuis cette époque, nous avons trouvé d'anciens titres, et l'on en a découvert aussi en refaisant les inventaires des archives de la mairie de Grenoble; ils nous ont fourni des documens propres à éclaircir divers points de notre travail, et nous en avons puisé, d'ailleurs, dans d'autres sources. Nous avons donc accueilli avec reconnaissance la proposition d'en donner une seconde édition, qu'a bien voulu nous faire le directeur de la *Revue du Dauphiné*, M. Ollivier (Jules), juge au tribunal civil de Grenoble, auteur d'une *Histoire de Valence* et de plusieurs mémoires ou dissertations, où se trouve la preuve qu'on peut allier avec succès la culture des lettres à la science des lois.

Les additions, corrections, etc., de cette seconde édition, seront insérées dans des notes distinguées de celles de la première par des astérisques joints aux numéros, et lorsqu'elles seront placées dans les anciennes notes, nous y joindrons le signe *Add.* ou *Addit.*

la cite presque que pour annoncer sa suppression en même temps que sa création[1] ; et si Chorier donne quelques détails de plus, outre qu'ils sont en quelque sorte perdus dans le très-petit nombre de passages où l'auteur les a glissés, ils sont si peu satisfaisans et offrent tant d'incertitude, qu'on n'en est guère plus avancé[2].

Nous avons essayé de suppléer à leur silence par des recherches dans les archives publiques[3] et dans les auteurs contemporains. L'aridité de ce travail ne nous a point rebuté. Nous avons pensé que tout ce qui tient à l'histoire de notre pays doit intéresser nos compatriotes, et que, d'ailleurs, en montrant que l'érection de l'université actuelle de Grenoble n'est qu'une restitution faite à cette ville, nous fournirions de nouveaux motifs d'y maintenir un établissement qui lui est si utile[3*].

On ne connaît pas précisément l'époque où fut érigée l'université de Grenoble, parce que l'édit de l'établissement primitif n'existe plus[4]. Lorsque la ville de Valence demanda sa suppression

---

[1] VALBONNAIS, *Hist. du Dauphiné*, ij, 411 à 414.

[2] Nous les citerons dans les notes de notre Histoire.

[3] Nous avons puisé une grande partie de nos documens dans les archives de la mairie de Grenoble, et surtout dans les registres des conclusions ou délibérations de son conseil de ville ou conseil municipal, dont il y a un recueil infiniment précieux. (Voir à ce sujet nos *Remarques sur les anciens jeux des Mystères*, dans les *Mémoires de la Société des Antiquaires*, tome V, 1823, p. 163 et suiv., surtout p. 165.) Nous les citerons par les signes *Reg. Mss.* (Registres manuscrits).

[3*] L'école de droit de Grenoble étant déjà menacée de suppression, nous espérions enlever à ses ennemis un de leurs prétextes. On n'osa plus, en effet, dire qu'elle était une création récente ; mais on trouva bientôt un nouveau prétexte, et peu de mois après la publication de notre travail, la suppression fut prononcée, et le rétablissement ne fut effectué, au bout de plusieurs années, que grâce à des considérations tout-à-fait étrangères à l'utilité publique.

[4] VALBONNAIS, ij, 411.

au XVIᵉ siècle, nos consuls la faisaient remonter à l'année 1340[5],
époque où Humbert II transféra à Grenoble le conseil delphinal
établi en 1337 à Saint-Marcellin. Ils se fondaient sur ce que,
dans l'ordonnance publiée pour cette translation, le dauphin
disposa que quatre des membres du conseil seraient docteurs en
droit, et pourraient être pris parmi les professeurs de l'université[6]; mais cette clause même prouve l'existence antérieure de
notre académie.

En effet, on a découvert un édit du 25 juillet 1339, où
Humbert, après avoir annoncé qu'il a obtenu du pape Benoit XII
la création d'une université à Grenoble, prescrit des mesures et
accorde des priviléges pour y attirer un grand nombre d'étudians[6*].
La création de notre université est donc antérieure au 25 juillet
1339 : Valbonnais[7] présume que c'est de peu de temps; il se
fonde sur un passage d'un autre édit de la même année, où
Humbert dit : *Villa Gratianopolis ubi* NUPER *studia generalia im-
petravimus*. Et, en effet, c'est ce qu'on peut induire de cette
expression *nuper*, quoique un peu vague, mais seulement par
rapport à l'époque où Humbert obtint les bulles de confirmation
du pape; car il est probable que l'enseignement du droit à Grenoble était de beaucoup plus ancien, puisque, dans des actes de
1333 et 1336[8], Amblard de Beaumont, protonotaire du dauphin,

---

[5] Voy. *Minute d'un Mémoire*, sac des archives de la mairie coté *Université*
N.º 914, liasse 1ʳᵉ, pièce 12 *a*.

Dans une requête du 31 mars 1566 (même liasse, pièce 7), on fait même
remonter l'érection jusqu'à 1323; mais peut-être est-ce un erreur de chiffres.

[6] VALBONNAIS, ij, 401.

[6*] Un extrait *vidimé* de cet édit fut remis au conseil de ville le 11 septembre 1551 (voy. *Reg. Mss.*, à cette date, f.º 568), par Bucher, doyen de
l'université. (Voy. ci-après, note 19.)

[7] VALBONNAIS, ij, 411, note *b*.

[8] Voyez-les dans VALBONNAIS, ij, 246 et 310.

(*Add.*) On en cite aussi plusieurs de 1334, où Amblard prend la même
qualité. (Voy. *Histoire généalogique de la maison de Beaumont*, 1779, tome I,
p. 404 et 405.)

prend en même temps la qualité de *professor juris civilis* [9].

Quoi qu'il en soit, l'édit du 25 juillet 1339, rapporté en entier par Valbonnais [10], supplée par ses dispositions à l'édit primitif de création, ainsi qu'aux bulles de confirmation de l'université que les papes étaient alors en possession de donner [11]. On y lit que dans la ville de Grenoble il y aura toujours une université, où l'on enseignera le droit civil, le droit canonique, la médecine et les arts (*ut in ea essent* perpetuò *generalia studia in utriusque juris, medicinæ et artium facultatibus, etc.* [11*]).

[9] D'ailleurs, dans l'ordonnance de 1340, que nous citerons bientôt, Humbert dit : OLIM *in concessione privilegiorum studii nostri Gratianopolitani.* Il ne se serait pas servi du mot *olim*, si l'érection de l'université eût été très-rapprochée de l'an 1339. — (*Addit.*) Quoi qu'il en soit, il est du moins certain que l'université était en activité avant 1340, puisque dans un titre du prieuré de Saint-Laurent de Grenoble, daté de décembre 1339, on trouve cette phrase : *Dominum Alamandi, priorem.... rectoremque venerabilis universitatis, collegii seu corporis studii civitatis Gratianop.* (Lettre de M. J.-J. PILOT, de Grenoble, du 4 novembre 1838.)

[10] VALBONNAIS, ij, 412.

[11] VALBONNAIS, ij, 413.

[11*] D'après CHORIER (ij, 278), il y avait quatre professeurs, deux de droit civil et deux de droit canonique, et dans une délibération du 3 mai 1561 (*Reg. Mss.*, f.º 193) il est aussi question de quatre professeurs; enfin, dans diverses délibérations (26 février 1557, f.º 194; 14 avril 1559, f.º 251; 12 janvier et 26 juillet 1560, f.º 35 et 109; 7 mars et 3 octobre 1561, f.º 170 et 217, et 16 novembre 1565, f.º 196, etc.), on cite des noms autres que celui du *lecteur* ou *liseur ordinaire*, dont nous parlerons plus loin.

Les papiers découverts depuis notre première édition (voy. ci-devant, p. 5, note *a*) nous ont fourni des documens plus précis. On y trouve des arrêtés de l'université, fixant l'ordre des lectures ou leçons. Ces lectures ont pour objet le droit canonique, le droit civil ou droit romain et la médecine. Le nombre des docteurs ayant droit de professer est assez considérable; mais comme, selon toute apparence, leurs rétributions étaient fort modiques, ils se distribuaient les lectures par quartiers ou trimestres, qu'ils nomment des *quartons*. (Voir, entre autres, délibérations des 4 novembre 1546, 16 septembre 1548, 10 août 1550; sac 914, déjà cité, liasse 3, pièces 4, 5 et 8.)

C'est que les revenus accordés par le roi ou par les états de la province étaient surtout affectés, comme on le verra, au traitement des docteurs étrangers, de ceux qu'on appelait les *lecteurs* ou *liseurs ordinaires* (v. ci-après,

Cette expression *perpetuò* est d'autant plus remarquable, qu'à la fin de l'édit, le dauphin en jure sur l'évangile, pour lui et pour ses héritiers et successeurs, l'observation perpétuelle; de sorte qu'on ne put dès-lors priver la ville de Grenoble de cet établissement, sans porter atteinte au contrat de transport du Dauphiné qui maintenait les priviléges accordés aux villes, et qu'on ne se décida sans doute dans la suite à unir l'université de Grenoble à celle de Valence que parce que la ville de Grenoble ne fit pas valoir cette clause.

Le même édit prouve combien le dauphin attachait d'importance à cet établissement. Indépendamment des priviléges qu'il accorde aux élèves, tels que l'exemption du service militaire, il ordonne de détruire toutes les forges qui existaient dans un rayon de trois lieues aux environs de Grenoble, afin de prévenir par-là l'enchérissement du bois; clause singulière, au sujet de laquelle Chorier remarque, avec son élégance accoutumée, que *le froid est ennemi des fonctions de l'esprit* [12].

D'autres actes d'Humbert II prouvent aussi et son intention de maintenir l'université, et la mise en activité de cet établissement. Le 13 mai 1340 [13], il ordonne de nouveau la destruction des forges voisines; confirme tous les priviléges de l'université (*studii nostri Gratianopolitani*) et donne pouvoir au recteur de veiller à leur conservation (*inspectionem penes rectorem dicti studii remanere volumus*). Le 2 octobre suivant, il adresse au recteur et au collége

note 70 *) ; de sorte que les professeurs du pays, comme ceux dont parlent les délibérations précédentes (c'étaient des prêtres, des juges, des avocats ou des médecins) étaient réduits à se diviser la portion de revenus non absorbée par ce traitement, et qui s'éleva quelquefois à 100 livres par an pour chacun (sac 570, liasse 1re, pièce 24, 25 et 27), indépendamment d'un casuel modique et de quelques prérogatives (par exemple, l'exemption des contributions personnelles). — Voy. aussi ci-après, note 27 ***.

[12] CHORIER, *Hist. générale du Dauphiné*, ij, 288.

[13] Cet acte est dans VALBONNAIS, ij, 411.

des lettres [14] par lesquelles il nomme Hugues de Galbert professeur des décrétales; enfin, le 27 mars 1345, il nomme Jacques de Ruffo professeur de droit civil ou de droit canonique, au choix du recteur [15].

Nous ignorons le temps précis où l'université de Grenoble cessa d'être en activité. Nous pouvons seulement présumer qu'elle fut maintenue pendant le règne d'Humbert II, puisqu'il y attachait tant d'importance, et pendant celui de ses premiers successeurs, qui ne devaient pas oublier les conditions sous lesquelles il leur avait donné ses états. Elle existait encore sous le règne de Louis XI, du moins si l'on s'en rapporte au témoignage de Chorier, puisqu'après avoir indiqué la création et la confirmation de l'université de Valence, faites par ce monarque en 1452 et 1475, cent vingt ans après l'institution de celle de Grenoble, il observe [16] que le Dauphiné eut alors deux universités. Enfin, il est énoncé dans une délibération du 25 août 1542, dont nous allons parler, que l'université de Grenoble avait *demeuré long-temps* [17].

Ce qu'il y a de certain, c'est qu'à cette dernière époque elle n'existait plus, lorsqu'un prince de la maison de France, François de Bourbon, comte de Saint-Pol [17*], grand-oncle de Henri IV,

[14] Elles sont dans VALBONNAIS, ij, 424.

[15] Ces dernières lettres sont aussi dans VALBONNAIS, ij, 505.

[16] CHORIER, *Hist. générale*, ij, 453 et 454.
(*Addit.*) Néanmoins, selon l'édit de 1565, portant suppression de l'université de Grenoble, et dont on parlera plus loin, « il appert des lettres » d'érection de celle de Valence qu'alors (1452) il n'y avait aucune univer- » sité en Dauphiné. (*Archives de Grenoble*, liasse ou sac 17 *b*, pièce 1re.)

[17] *Reg. Mss. des conclusions de Grenoble*, d. date, f.º 55.

[17*] Troisième fils de François de Bourbon, comte de Vendôme, aïeul d'Antoine, roi de Navarre, père de Henri IV. Le comte de Saint-Pol était né en 1491; il fut nommé au gouvernement du Dauphiné en 1527, et mourut en 1545. Son fils, François de Bourbon, duc d'Estouteville, eut ce gouvernement après lui; mais, étant mort jeune (âgé de 10 ans), l'année suivante (voir MORERI, mot *Bourbon, branche de Vendôme*, N.º vij; — ANSELME, tome I, p. 326), Claude de Lorraine, duc de Guise, beau-frère du comte de

se trouvant gouverneur du Dauphiné, entreprit de la rétablir et d'en confirmer les anciens priviléges, sur la demande du conseil de la cité.

Cette réintégration fut prompte. Dès le 1ᵉʳ septembre suivant [18], les lettres du comte de Saint-Pol qui l'ordonnaient furent enregistrées, et l'université installée, en présence du conseil de la ville et d'un grand nombre de notables, dans le réfectoire du couvent des Cordeliers, alors existant sur l'emplacement actuel de la citadelle. Elle était déjà composée de trois docteurs régens, l'un en théologie, le second en médecine, et le troisième en droit civil. Celui-ci était Pierre Bucher, qui fut bientôt nommé doyen de l'école et ensuite procureur-général au parlement [19], fonctions qu'il cumula pendant une vingtaine d'années.

Vers le même temps, l'enseignement du droit éprouvait une révolution. André Alciat, appelé en France par la munificence et le goût éclairé de François Iᵉʳ, avait mêlé la culture des lettres à l'étude de la jurisprudence; il avait le premier fait usage, dans les chaires, d'une latinité élégante, bien opposée au langage barbare des disciples ou admirateurs de Bartolle. Mais cette révolution, achevée dans la suite par Cujas, ne pénétra pas rapidement

Saint-Pol, obtint le même emploi, avec d'autant plus de facilité, que le comte n'avait pas laissé d'autre fils que François.

[18] D. *Reg. Mss.*, 1ᵉʳ septembre, f.º 56.

[19] Dans les pièces découvertes (voy. p. 5, note *a*, et sac 914 déjà cité, liasse 3, pièces 4 et 48), il est qualifié *doyen* dès le 4 novembre 1546; et, dans les délibérations de la ville, dès le 3 mars 1550. (Voy. d. *Reg. Mss.*, d. date, f.º 392.) Il fut nommé procureur-général le 15 avril 1553 (CHORIER, *Estat politique du Dauphiné*, ij, 148); et il est cité souvent, dans les délibérations, en cette qualité. On l'appelait d'abord *Buchechier*. (Voy. CHORIER, *Hist. générale*, ij, 575; surtout nos *Remarques sur les anciens jeux des Mystères*, insérées dans les *Mémoires de la Société des Antiquaires*, 1823, tome V, p. 163 et suiv.) On y voit qu'en 1535 Bucher était menacé d'un procès au parlement, pour avoir refusé, après s'en être chargé, de jouer le rôle de Jésus-Christ dans un mystère.

dans nos pays. On y pensait encore que les universités d'Italie, toujours asservies à la méthode et au jargon des Bartollistes, l'emportaient en science et en talens sur les écoles de toutes les autres contrées [20]. Le premier soin des consuls et docteurs régens de Grenoble fut de se procurer un professeur italien [21]. Leur choix tomba malheureusement sur un jurisconsulte d'une famille puissante de Quiers en Piémont, établie depuis peu en Savoie.

Nous voulons parler de Mathieu Gribald, ou Gribald, ou Gribaldi de Moffa, seigneur de Fargies [22], paroisse de la commune de Colonges, près de Genève, et proche parent de Vespasien Gribaldi,

[20] Dans la seconde *conduite* (voy. pour ce mot, ci-après, page 14) passée avec Govéa le 29 avril 1558, on décida qu'il *lirait* le BARTOLLE. (Voy. *Reg. Mss. de Grenoble*, d. date, f.º 154; sac 570, liasse 1re, pièce 17.) — Au XVIe siècle, il y avait aussi à Padoue un professeur chargé d'expliquer *glossam, textum et* BARTOLLUM, dit Comnène (*Hist. Gymn. Patavini*, tome I, p. 258). — Quant au crédit des écoles italiennes, voy. HEINECCIUS, *De sectâ Tribonian.*, in ej. oper., iij, 173, N.º xi.

[21] *Reg. Mss. de Grenoble*, 12 et 14 janv. 1543, f.º 98 et 102.

[22] Il est appelé dans les délibérations du conseil de ville de Grenoble *M. de Fargies*, nom à l'égard duquel nous avons vainement compulsé les biographies et bibliographies anciennes et modernes et les auteurs du XVIe siècle. Après de longues recherches, un passage de la vie latine (il est omis dans la traduction in-12, Genève, 1681, p. 112) de Calvin, par THÉODORE DE BÈZE (ad ann. 1555, tom. 1 *Oper. Calvini*, édit. in-f.º de 1671), et où l'on dit d'un jurisconsulte nommé *Gribaldus*, qu'il était *dominus Fargiarum*, nous a mis sur la voie. Enfin, nous avons trouvé dans nos registres la copie d'une procuration passée à M. Mathieu Gribald de Moffa, seigneur de Fargies; et l'on voit dans une délibération que c'est le même qui fut professeur à Grenoble. (D. *Reg. Mss.*, 18 août 1548, f.º 184.) Comme le nom de *Gribald*, indépendamment de ces deux actes, est encore répété dans un compte, nous avons dû le préférer à celui de *Gribaud* dont se sert Bayle, et à celui de *Gribaldi* qu'emploient Chauffepié (iij, 23) et la *Biographie* Michaud (xviij, 472), h. v. Dans ses ouvrages, il est nommé *Matthæus Gribaldus Moffa, jurisconsultus Cherianus.* — (*Add.*) Mêmes noms et qualifications, 1º dans le diplôme d'un docteur promu à Grenoble, le 15 février 1545, sur sa présentation (sac 914 déjà cité, liasse 3, pièce 3); on y joint même l'épithète de *celeberrimus*; 2º dans la seconde *conduite* passée avec lui en 1559 (*Archives de Grenoble*, sac 570, liasse 1re, pièce 20).

qui fut, au bout d'une vingtaine d'années, archevêque de Vienne [25].

Gribald était déjà connu; il avait enseigné à Quiers, à Toulouse et successivement à Valence, en 1540 et 1541 [24], et cette dernière année il avait publié, sur la méthode d'étudier le droit, un traité qui a été réimprimé plusieurs fois, et qui est cité avec éloge par des jurisconsultes du XVIIe et même du XVIIIe siècle [25]; enfin, depuis son premier professorat à Grenoble, il mit au jour divers ouvrages d'histoire et de jurisprudence assez estimés, tels que des distiques sur la vie des jurisconsultes, des commentaires sur plusieurs titres du Digeste, des opinions, etc. [26]. Il justifiait

[23] CHORIER, *Estat politique*, p. 344; — GRILLET, *Dictionnaire du Mont-Blanc*, iij, 272.

[24] Voy. *Reg. Mss. de Grenoble*, 19 janvier 1543, f.° 105; — GRIBALDUS, *De methodo ac ratione studendi juris* (Lyon, 1544, in-12). Ce traité, daté de Valence, 1er janvier 1541, est adressé à ses anciens élèves de Toulouse.

[25] Voy. VALENTIN-GUILLAUME FORSTER, *De interpretatione juris*, lib. II, cap. I, au *Trésor d'Otton*, ij, 991. — Le traité de Forster fut publié vers 1613. Celui de Gribald fut réimprimé en 1544, 1556, 1559, 1572 et 1588, et, par fragmens, dans la *Cynosura juris* de REUSNER, en 1548. (Voy. LIPENIUS, *Bibliot. realis jurid.*, édit. 1757, ij, 37 et 38; — *Catal. bibliot. de cassation*, part. II, p. 2.)

Dans une pièce de vers latins où Reusner célèbre les jurisconsultes français, il nomme Gribald avec Cujas, Dumoulin, Duarein, Baudoin, Leconte, etc., c'est-à-dire avec les plus illustres d'entre eux. (Voy. *id.*, *Appendix Cynosuræ juris*, 1589.)

Valentin Forster, en 1594 (*Hist. jur. civil.*, p. 154); Simon, en 1695 (*Bib. du dr.*, ij, 130), et Brunquell, en 1738 (*Hist. jur.*, 3e édition, p. 215), ont aussi *loué* Grilbald.

[26] LIPENIUS, *sup.*, table, mot *Gribaldus*.

Les distiques de Gribald ont été réimprimés en 1721, à la suite de l'édition, donnée par Hoffmann, du Traité *De claris interpretibus* de PANCIROLE. (LIPENIUS, *sup.*, ij, 453; — STRUVE, *Bibliotheca juris*, cap. I, édit. de 1756, p. 26.)

Le passage suivant, d'un ancien auteur, rapporté par TIRABOSCHI (*Storia della letterat.*, vij, 761), donne une idée de la réputation de Gribald : *Quis Matthæum Gribaldum non agnoscit, virum imprimis nobilem et clarum, deindè etiam juris civilis scientiâ et professione celeberrimum......*

donc, sous une foule de rapports, le choix des habitans de Grenoble.

Ce fut le 19 janvier 1543 que le conseil de ville arrêta de traiter avec lui; le 3 avril suivant, on le nomma professeur aux honoraires de 300 écus d'or *sol*[27], et il exerça ses fonctions à Grenoble jusqu'au printemps de 1545[27*].

Plusieurs remarques essentielles se présentent ici :

1° Au XVI° siècle, les professeurs de droit étaient le plus souvent nommés par les villes. On passait avec eux des contrats qu'on appelait des *conduites*, mot dérivé du latin *conductio*, qui signifie louage[27**]; de sorte qu'au fond ces contrats étaient des louages de leurs talens ou services, et on les passait pour un petit nombre d'années, sauf à les renouveler, en cas de satisfaction mutuelle, avant l'expiration du terme des *conduites*.

2° En 1543, l'écu d'or *sol* valait, d'après la délibération du 3 avril, 45 sous. Les 300 écus donnés à Gribald, chaque année, valaient donc 675 livres tournois.

Selon les *Tables* de Dupré de Saint-Maur, en 1540 et années suivantes, on donnait à la monnaie 14 livres du marc d'argent : avec 675 livres on aurait donc acheté un peu plus de 48 marcs. Mais en 1790, année que nous prendrons pour base de nos comparaisons, plutôt que le temps actuel, parce que les orages et les guerres de la révolution ont singulièrement dérangé les rapports des valeurs diverses; en 1790, le marc d'argent valait 54 livres; les 48 marcs auxquels répondaient, en 1540, les honoraires de Gribald, correspondaient donc à une valeur d'environ 2600 livres de l'année 1790.

[27] *Reg. Mss. de Grenoble*, d. date, f.° 105 et 129.

[27*] Il semblerait même, d'après une enquête faite en 1557 sur les études d'un gradué, que ce fut jusqu'à la fin de l'année scolaire 1545. (Sac 570, déjà cité, liasse 1re, pièce 15.)

[27**] Dans la quittance de Jean de Boyssonne, citée ci-après, note 41*, il emploie le mot *conduction*, qui aurait dû être adopté plutôt que le mot *conduite*.

Ces honoraires paraissent assez raisonnables, surtout en y réunissant les rétributions des grades qui en étaient indépendantes [27***] : néanmoins nous n'en aurions pas une idée exacte, si nous nous bornions à en apprécier la valeur d'après celle du marc d'argent, quoique ce soit la méthode qu'aient uniquement suivie plusieurs publicistes célèbres [28]. Les recherches que nous avons commencées, et dont nous nous proposons de publier les résultats lorsqu'elles seront complètes, nous ont déjà prouvé que cette méthode est tout-à-fait vicieuse pour l'espace de temps qui s'écoula depuis 1540 jusqu'à 1560 ; que, dans cet intervalle, l'argent avait une valeur de trois à quatre cinquièmes au moins plus forte que la plupart des autres marchandises ; d'où la conséquence, qu'avec les 48 marcs donnés à Gribald, on n'aurait pas seulement acheté en 1790 des marchandises d'une valeur égale à 2600 livres, mais encore des marchandises d'une valeur de plus des trois cinquièmes au-delà, c'est-à-dire d'environ 4500 livres, et que, par conséquent aussi, c'est à cette valeur de 4500 livres qu'on peut fixer les 675 livres d'honoraires accordées à Gribald en 1540.

Un seul exemple suffira à présent pour établir l'exactitude de

[27***] Elles se composaient alors, non-seulement d'une certaine somme d'argent, mais, du moins pour les docteurs, d'une *boîte de dragées* remise à l'un des examinateurs. Le prix de cette boîte était probablement assez élevé, puisque le droit de la recevoir donna lieu (18 avril 1561) à une contestation entre deux agrégés, qu'on arrêta (sac 914 déjà cité, liasse 3, pièce 39) que chacun des membres de l'université la recevrait à son tour, et qu'on dressait avec soin, de temps à autre, l'état de ceux qui l'avaient *heue* (eue). Voici, par exemple, ce qu'on lit dans un de ces états (même liasse, pièce 19) : « Noms » des agrégés qui ont heu la boyte de ceux qui ont passé docteurs en 1557.... » M. l'official a heu celle de M. Boczosel.... M. Bucher a heu celle que présenta » M. Limojon... M. de Govéa a heu celle de celui (du docteur) de Gap, qui passa » aux cordeliers, etc. » (Voir d'autres états pour 1555, 1556, 1559, 1560, 1561 et 1565, même liasse, pièces 34, 35 et 40 ; et sac 570, liasse 1re, pièces 14 et 32.)

[28] Voy., entre autres, GERMAIN GARNIER, *Histoire de la monnaie*, etc. 1819, tome I, p. 57.

nos calculs. Dans la même période de 1540 à 1560, le prix commun du blé était de dix sous le quartal de Grenoble. On le regardait comme très-cher lorsqu'il s'élevait à douze sous. Le marc d'argent étant à 14 livres, on pouvait, avec un marc, acheter vingt-huit quartaux de blé. Pour que le rapport qui existe entre la valeur du marc d'argent en 1790 et celle du même marc en 1540, exprimât avec exactitude le rapport qui existait entre la valeur du quartal de blé en 1790 et celle du même quartal en 1540, il faudrait qu'avec les 54 livres, valeur du marc en 1790, on eût pu alors acheter aussi vingt-huit quartaux de blé. Or, d'après les tables extraites des mercuriales[29], et où le blé est porté plutôt au-dessous qu'au-dessus de sa valeur réelle, le prix commun du quartal de blé[29*], depuis 1774 jusqu'à 1790, c'est-à-dire pendant dix-sept ans, arrivait à 3 livres 7 sous. Mais avec 54 livres, valeur du marc, on ne pourrait acheter à ce taux que 16 quartaux et $^1/_8$ de blé, au lieu de 28 quartaux. Donc l'argent, en 1540, valait réellement trois à quatre cinquièmes de plus qu'en 1790.

Nous trouverions les mêmes résultats, si nous prenions pour terme de comparaison le prix de la viande, qui, à la même époque, était fixé à 7 deniers pour le bœuf, et à 9 deniers pour le veau et le mouton[29**].

Les charges de la ville de Grenoble étaient alors fort considé-

---

[29] Nous les avons publiées dans l'*Annuaire statistique de l'Isère*, an IX (1801), Grenoble, Allier, p. 146.

[29*] Le quartal de blé de Grenoble contenait un décalitre et 833 millièmes (même *Annuaire*, p. 32).

[29**] Si nous prenions pour terme de comparaison le prix d'achat ou de louage des maisons, nous trouverions que l'argent, au XVIe siècle, avait une valeur encore plus considérable.

Par exemple, 1° l'édifice connu depuis fort long-temps à Bourges sous le nom d'*hôtel de Cujas*, qui, en 1565, avait été acheté 7,000 livres, a été revendu, en 1826, 46,000 francs (*Actes originaux* vus à Bourges en 1823; — *Lettre de M. Barberaud*, *archiviste de la préfecture*, du 14 novembre 1838); 2° le louage de la maison de Cujas à Valence, qui, en 1567, se réduisait

rables. Elle était, entre autres, forcée à des réparations perpé-
tuelles contre le torrent du Drac qui ravageait une grande partie
de sa plaine, et dont une branche passait au lieu où est à présent
la rue Saint-Jacques, sous le nom de Dravet ou petit Drac. Ses
revenus, au contraire, étaient très-modiques; ils ne s'élevaient
guère qu'à 2,000 livres, qui valaient à-peu-près 13,000 livres
de l'an 1790. Sa seule ressource, pour faire face aux honoraires
promis à Gribald et à d'autres dépenses de l'université, fut le
remboursement d'une avance extraordinaire de 1,124 livres
qu'elle avait faite au roi; encore, comme elle fut insuffisante,
on y suppléa par une souscription où s'inscrivit en tête un chanoine de la cathédrale [30].

Cette ressource épuisée, il fallut, au bout de deux ans (printemps de 1545), renoncer à employer le professeur italien, qui
passa peu après, en la même qualité, à l'université de Padoue,
alors très-célèbre [31].

(voir ci-après la partie du texte correspondant à la note 99) à 70 livres,
s'était élevé à 600 francs en 1821 (à présent, à environ 1,000 francs), d'après
M. DELACROIX (*Lettre du 7 novembre* 1838), auteur de l'excellente *Statistique
de la Drome.*

Si l'on se borne à comparer la valeur du marc d'argent à ces deux époques,
c'est-à-dire environ 18 livres (v. DUPRÉ DE SAINT-MAUR, p. 216) à environ
56 francs, le prix d'achat de 1826 n'aurait dû s'élever qu'à environ 23,000
francs, et le prix de loyer de 1821 à environ 240 francs.

Mais, il faut l'avouer, trop de circonstances influent sur les prix des achats
et des louages de maisons, pour qu'ils puissent servir de mesure pour les
valeurs réelles. Par exemple, Cujas obtint pour 5,400 livres, en 1585, le
même hôtel qui avait coûté 7,000 livres à son vendeur, en 1565; cette diminution considérable tenait sans doute à ce qu'on avait eu plusieurs guerres
civiles et à ce que l'acheteur payait son prix comptant ou à-peu-près comptant.

[30] Étienne Roibon. (Voyez *Reg. Mss. de Grenoble*, 3 avril 1543, f.º 129.)

[31] On verra ci-après (dans la partie du texte correspondant aux notes 120
à 125) l'extrait d'un mémoire où la *conduite* de Gribald est fixée aux années
1543 et 1544. Il résulte aussi de plusieurs passages de ses œuvres, qu'il
enseignait à Padoue en 1548 jusqu'en 1553. (Voy. *id., Comment. in aliquot
tit. Dig. et Cod.*, 1577, in-f.º, p. 1, 166, 196, 222, 266 et 267. — Voy.
aussi ci-après, note 50.)

Les professeurs grenoblois, quoique réduits aux rétributions des grades[31*], continuèrent seuls ce qu'on nommait les *lectures*, c'est-à-dire les leçons, jusqu'à la fin de l'année scolaire 1546.

Ils éprouvèrent alors un obstacle singulier, auquel nous nous arrêterons un moment, parce qu'il donne une idée des mœurs du siècle.

Les cordeliers avaient cédé à la ville, pour les leçons, leur grand réfectoire et une de leurs chapelles[32]. Les délibérations énoncent que c'était à titre de prêt; mais comme chaque année ces religieux, sous prétexte de pauvreté, demandaient au conseil de la ville et en obtenaient une aumône, le conseil pensa sans doute que le prêt du réfectoire et de la chapelle était au fond un louage dont il avait le droit de requérir l'exécution; et, de leur côté, les cordeliers ne voulurent pas admettre ce droit.

En conséquence, à l'ouverture de l'année scolaire[32*] suivante, ou à la fin d'octobre 1546, car c'était à la Saint-Luc, ou au 18 octobre, que rouvraient alors les études[33], les cordeliers fermèrent leur réfectoire et leur chapelle, et en refusèrent obstinément l'entrée aux membres de l'université, et successivement aux consuls et aux avocats qui allèrent la solliciter.

Sur le rapport de ce refus et de ses circonstances, le conseil arrêta, le 1er novembre, qu'on irait sur-le-champ occuper, *par force ou autrement*, le grand réfectoire, *afin d'en continuer* ce qu'on nomme en droit le possessoire, ou, en d'autres termes, la possession.

[31*] Voir toutefois note 11*, p. 8.

[32] D. *Reg. Mss.*, 31 août et 14 décembre 1543, et 24 octobre 1544, f.° 173, 196 et 287.

[32*] Elle finissait à la mi-août. (*Reg. Mss. de Grenoble*, *Délibération du 6 août* 1558, p. 191.)

[33] Voy. *Notes sur la conduite de Gouéa*, sac 570, liasse 1re, pièce 18; — *Répertoires Mss. des délibérations de la ville de Valence*, 19 mai 1560; — CHORIER, *Histoire générale*, ij, 544.

Cette résolution était d'autant plus étrange, que le jour où elle devait être mise à exécution était une des plus grandes fêtes de l'année, et qu'on s'exposait par-là à troubler le service divin. Tel fut sans doute le motif pour lequel on ne parla point de la chapelle, quoiqu'on s'en fût également servi jusque-là.

Aussitôt on se rend en foule au couvent, qui était voisin du lieu des séances du conseil (la tour de l'île, c'est-à-dire la tour carrée de la citadelle actuelle), et l'on force l'entrée du réfectoire. Les cordeliers, quoique surpris, se défendent en gens de cœur. Il s'ensuivit une espèce de bataille, où tous les bancs et la chaire de l'université furent brisés.

Les assaillans, repoussés, à ce qu'il paraît, retournent au conseil, et ils y rapportent naïvement que « les moines ont fait » grande résistance tant de paroles que de faict, et ung cordelier » nommé frère Fiquet s'est trouvé *seignant par le front* ne sait-on » par quel moyen. »

Le conseil ne fut point touché de la blessure de frère Fiquet. Il arrêta de présenter une requête au parlement [34] pour être maintenu au possessoire, et pour faire informer sur les menaces, les batteries, les fractures de bancs et autres malversations des cordeliers.

Le temps inspira sans doute des résolutions plus sages : les parties se concilièrent [34*], car on ne donna aucune suite à la procédure, et l'on voit bientôt l'université faire ses leçons dans le réfectoire, et les cordeliers demander et obtenir leur aumône accoutumée.

[34] Voyez, pour tous ces événemens, *Reg. Mss., de Grenoble*, 1er novembre 1546, f.º 543.

[34*] Une des pièces nouvellement découvertes justifie cette conjecture : le 21 février 1547, les cordeliers consentirent à céder leur réfectoire pour trois ans, et sans doute ils donnèrent un nouveau consentement à l'expiration de ce terme, bien qu'ils eussent protesté auparavant (15 février 1550) du contraire, puisque l'université continua de siéger dans leur couvent. (Sac 570 déjà cité, liasse 1re, pièce 8.)

Le défaut de revenus fut un obstacle plus sérieux, en ce qu'il empêchait de se procurer un professeur d'une grande réputation. En 1547, on obtint d'abord des états du Dauphiné un secours de 500 livres. Le 19 juin 1548, Henri II, protecteur des sciences comme tous les Valois, permit de prélever, chaque année, sur la ferme du sel du Dauphiné, 750 livres pour chacune des universités de Grenoble et de Valence [55]. Ce prélèvement fut porté a 1,000 livres en 1558, et l'on y joignit 400 livres à prendre sur la ferme des gabelles du Pont-Saint-Esprit [56].

Ces fonds assurés, et la restauration de l'université, due au comte de Saint-Pol, ayant été d'ailleurs confirmée par un édit du roi, au mois de décembre 1547 [57], on dut s'occuper de nouveau d'avoir des professeurs étrangers, d'autant plus que le roi affectait aux honoraires de ces professeurs les prélèvemens dont on vient de parler [58].

Au mois d'août 1548, on s'adressa à Gribald, alors professeur à Padoue. Il passa une *conduite*, au nom et par procuration de la ville, avec un professeur nommé Jérôme Atheneus, ou Athénée, dont nous ne savons pas autre chose [58*], et qui n'exerça à Grenoble

---

[55] Son *rescrit* fut entériné le 14 août 1548. (D. *Reg. Mss.*, 3 mars 1550, f.° 392; sac 570, liasse 1re, pièce 3.)

(*Add.*) Nous employons ici et ailleurs (ci-après, note 87) le mot *rescrit* pour tenir lieu des dénominations variables des diverses décisions du roi (ordonnances, édits, déclarations, lettres-patentes, etc).

[56] D. *Reg. Mss.*, 6 août 1558, f.° 191; *Comptes du fermier des gabelles*, sac 570, même liasse, pièce 18.

[57] D. *Reg. Mss.*, 30 décembre 1547, f.° 111.

[58] D. *Reg. Mss.*, 3 mars 1550 et 9 août 1555, f.° 392 et 438; ci-devant, note 11*, p. 8.

Dès le 20 septembre 1547, on avait cherché à engager le fameux Jean de Coras, alors professeur à Valence, dont la *conduite* allait expirer; et l'on avait demandé, dans l'espoir de le déterminer à accepter, qu'il fût en même temps nommé conseiller au parlement de Grenoble; mais il paraît que la négociation échoua. (Voy. d. *Reg. Mss.*, d. date, f.° 85.)

[58*] Excepté pour ce qui est relatif à ses opinions religieuses (voir ci-après

que pendant deux ans [39]. En 1551, on le remplaça, aussi pour deux ans, par un autre italien nommé Hector Richerius, d'Udine en Frioul, connu depuis par un commentaire sur le titre du Digeste *De verborum obligationibus*.[40] Enfin, au bout de la même année on engagea, pour trois ans, un conseiller au parlement de Chambéri [40*], nommé Jean de Boyssonne, qu'on disait être *grandement fameux* [41], mais sur lequel nous n'avons encore aucun renseignement particulier [41*].

la partie du texte correspondant à la note 123*). Nous avons aussi appris qu'il était de Vicence en Italie (sac 570, liasse 1re, pièces 1, 6 et 9).

[39] D. *Reg. Mss.*, 18 août 1548, 27 septembre 1549, 3 mars 1550, f.° 184, 322 et 392.

[40] D. *Reg. Mss.*, 10 septembre 1551 et 30 décembre 1552, f.° 566 et 107. — On dit aussi qu'il était docteur de Padoue (sac 570, liasse 1re, pièc. 1 et 2). GESNER (*Biblioth.*, édit. de 1583, p. 319) indique une ancienne édition du *Traité* de Richerius (son nom français était Riquier, d'après nos registres), mais sans en énoncer la date. — LIPENIUS (*Bibl. real. jur.*, édit. de 1679, p. 357, et de 1757, ij, 443) en indique une postérieure, de 1617, in-8°. Cet ouvrage avait déjà été cité par le jurisconsulte portugais Emmanuel Soarez, dans ses *Observationes juris*, cap. XXXVI, publiées en 1562. (Voy. MEERMAN, *Thesaurus*, t. V, p. 585, et *præfat.*, p. 2.)

[40*] Et non pas *sénateur* à Chambéri, comme nous l'avions dit dans notre première édition. Nous n'avions pas réfléchi que depuis 1535 la Savoie était au pouvoir de la France (elle ne fut rendue qu'en 1559, par le traité désastreux de Cateau-Cambrésis), et qu'à la place de son sénat, François 1er y avait établi un parlement.

[41] D. *Reg. Mss.*, 10 septembre 1551, f.° 566.

[41*] Nous en avons recueilli depuis notre première édition, grâce, soit aux pièces nouvellement découvertes, soit à un passage de Rabelais, que nous a indiqué le savant et consciencieux député M. Eusèbe Salverte, et qui nous a mis sur la voie de recherches fructueuses. En voici le résultat : Jean de Boyssone, appelé, par corruption ou gasconisme, *Boissonné* ou *Boissous*, était prêtre et professeur à l'université de Toulouse, dès 1531, et il y enseignait encore au mois de juin 1535 (voy. GRAVEROL, sur *La Roche-Flavin*, édit. de 1682, arrêts 7 et 41, p. 402 et 417). Il quitta cette ville vers la fin de la même année, et fut probablement nommé conseiller-clerc au parlement que François 1er établit à Chambéri, en 1535 ou 1536. (CHORIER, *Histoire générale du Dauphiné*, ij, 532.) Il paraît du moins certain qu'il n'était plus à Toulouse lorsque Étienne Dolet publia ses discours et lettres

Ces *conduites* ne furent point renouvelées. On en passa une, au mois de septembre 1555, avec un jurisconsulte bien autrement fameux que Jean de Boyssonne; il s'agit d'Antoine de Govéa ou Goveanus, portugais, d'abord régent d'humanités, de philosophie et de littérature à Paris et à Bordeaux, et successivement professeur de droit civil à Toulouse, à Cahors et à Valence [41]**.

Au jugement des jurisconsultes contemporains, et entre autres du savant président Favre, Govéa était l'interprète du droit romain qui avait le plus de génie [42], et il l'aurait emporté en

(voy. STEPHANI DOLETI *Orationes duœ;* — *Epistolarum*, lib. II; — *Carminum*, lib. II; — *Ad eumdem, Epistolarum amicorum liber*, in-8°, sans date; bibl. Sainte-Geneviève, Z, 229, p. 58, 89 à 91, et 120 à 126 conférées), c'est-à-dire, suivant Moreri (mot *Dolet*), au plus tard en 1535. Rabelais, il est vrai, le cite comme enseignant à Toulouse, dans le livre II de son *Pantagruel* (ch. XXIX, à la fin, édit. de l'abbé de Marsy, 1752, t. IV, p. 481), publié en 1546 (*Vie de Rabelais*, même édition, tome I, p. xcviij); mais cette indication se rapporte sans doute au temps de la composition plutôt qu'à celui de la publication du même livre, car Boyssonne, comme conseiller au parlement de Chambéri, avait été chargé dès 1542 d'une commission pour laquelle le procureur-général de ce parlement lui intenta un procès fâcheux, qui ne fut terminé qu'en 1555. (Voy. PAPON, *Arrêts*, liv. XIX, chap. 8, arr. 9, édit. de 1608, p. 1099 et 1100.)

Quoi qu'il en soit, Rabelais (même pag. 481) et Dolet (pag. déjà citées) font un pompeux éloge de Boyssonne, et le dernier lui dédia un de ses ouvrages en 1538 (MORERI, *suprà*). Le choix de la ville de Grenoble était donc justifié, et Boyssonne du moins remplit ses obligations pendant les trois années de sa *conduite*, comme le prouvent les nouvelles pièces déjà citées, et au nombre desquelles se trouvent cette *conduite*, plusieurs quittances, dont une de 370 livres, passée le 11 janvier 1554, pour la tierce année de la *conduction* de sa *lecture*, et un compte où il est qualifié *ancien docteur de Toulouse*. (Sac 570, liasse 1re, pièces 1 et 11; sac 914, liasse 3, pièces 10 et 11.)

[41]** LEYCKERT, *Vitœ clarissimor. jurisconss.*, 1686, p. 201. — DE THOU, *Histor.*, lib. XXXVIII, ad ann. 1565, édit. de 1620, ij, 352, 353. — VANVAASSEN, *Vita Goveani*, p. ix citée ci-après, note 43.

[42] ANT. FABER, *Conjecturar.*, lib. VII, in *præfat.*

Cujas lui-même disait dans ses Notes sur Ulpien (titre VI), publiées en 1554: *Antonius Goveanus, cui ex omnibus, quotquot sunt aut fuere, Justinianei juris interpretibus, si quæramus quis unus excellat, palma deferenda est.*

réputation sur Cujas, s'il avait été moins paresseux. Cujas lui-même, à qui les talens de Govéa paraissent avoir fait ombrage, quoiqu'ils fussent amis, disait qu'il ne se rassurait que sur l'insouciance et l'éloignement pour le travail du jurisconsulte portugais.

En effet, quoique Govéa eût commencé à publier des ouvrages au moins vingt-cinq ans avant sa mort, le recueil de ses œuvres, de droit ne forme qu'un volume in-8°, qui n'équivaut pas au tiers d'un seul des dix in-f.° de la grande édition de Cujas.[45] Cependant les craintes de celui-ci, dont il entretenait encore le célèbre président de Thou, son élève et son ami, plusieurs années après la mort de Govéa, sont faciles à concevoir, si l'on adopte dans toute sa latitude la remarque par laquelle ce grand historien termine l'éloge du professeur de Grenoble. *Unus*, dit-il de Govéa (lib. XXXVIII, ad ann. 1565), *unus rarâ hoc œvo gloriâ communi doctorum suffragio hoc adsecutus, ut et poeta elegantissimus, et summus*

[45] Les œuvres de Govéa ont, il est vrai, d'abord été publiées in-f.°, mais dans un petit format et avec une justification étroite, ne contenant que 322 pages, à Lyon, en 1562; aussi n'occupent-elles qu'un in-8° dans les éditions de 1599, citée par Lipenius (édit. de 1757, ij, 103), et de 1622 (celle-ci est à la bibliothèque de Grenoble).

Lipenius (*ibid.*) et Leyckert (*Vitæ clarissimor. J.-C.*, p. 202) citent aussi une édition in-f.° de 1564; mais ce n'est autre chose que celle de 1562, dont on a seulement changé le frontispice, comme on le voit à la même bibliothèque. Son exemplaire de l'édition de 1562, N.° (ancien) 1564, et (nouveau) 6363, est, au reste, infiniment précieux. C'était celui de Pierre de Mornyeu, gentilhomme de Belley, élève de Govéa, qui, après la mort de son professeur, prit son doctorat à Valence le 30 mai 1566. (Voy. *Reg. Mss. des approbat. de Valence.*) Mornyeu y a mis en marge plusieurs notes dont nous citerons quelques-unes. Enfin, il y a joint un commentaire, encore inédit, de Govéa, sur le titre du Digeste *Ad. S.-C. Trebellianum*, contenant 25 pages, chacune de plus de soixante lignes écrites très-menu.

(*Addit.*) Nous venons (octobre 1838) de découvrir la dernière édition des œuvres de Govéa, donnée, en 1766, à Rotterdam, in-f.°, précédée de sa vie, composée par Jacques Van-Vaassen, d'après divers documens, dont plusieurs ont été fournis par la famille de Govéa. On y cite (p. xxxvj) le désir exprimé par un jurisconsulte du XVIIe siècle de voir chercher et publier le commentaire que nous venons d'indiquer, et auquel Govéa renvoie plusieurs fois.

philosophus, et præstantissimus juris interpres simul haberetur [44].

Malgré son insouciance, Govéa professait avec le plus grand succès, parce qu'il méditait beaucoup chacune de ses leçons [45]. Il enseignait à Valence depuis une année, lorsqu'au mois de septembre 1555, il traita avec Pierre Bucher, doyen de l'université de Grenoble et procureur-général au parlement, pour s'attacher à cette université : on lui assura plus de 800 livres d'honoraires, qui furent dans la suite portés à 920 [46].

Les Valentinois furent d'autant plus touchés du traité fait avec Govéa, qu'ils n'avaient alors aucun professeur un peu distingué [46*]. Ils mirent tout en usage pour le retenir. Leur évêque, le fameux Jean de Montluc, homme d'état du premier ordre, qui avait déjà été plusieurs fois ambassadeur de France auprès de diverses cours de l'Europe [46**], écrivit au conseil de ville de Grenoble, pour l'inviter à laisser Govéa à Valence [47]. Le conseil ayant persisté, Govéa se fixa à Grenoble jusqu'en 1562.

---

[44] DE THOU, *Histoire*, d. lib. XXXVIII, édit. de Genève, 1620, ij, 352 et 353.

Il paraît, par ce que de Thou y dit, qu'il vit souvent Cujas, même depuis qu'il eut étudié sous lui à Valence.

[45] Voy. *Vie de Loysel*, dans ses *Opuscules*, p. xiij et xiv.

[46] *Reg. Mss. de Grenoble*, 9 août et 11 octobre 1555, et 26 février 1557, f.° 438, 459 et 194. — *Mémoires*, sac 570, liasse 1re, pièce 17; sac 914, liasse 1re, pièce 1re.

[46*] André d'Exéa, l'un d'eux, avait, il est vrai, publié deux traités (voyez notre *Histoire du droit et de Cujas*, p. 385, note 64, et ci-après, note 82); mais il n'avait sans doute obtenu que bien peu de succès, soit comme auteur, soit comme professeur, puisque son nom n'est pas même cité dans les biographies des jurisconsultes, telles que celles de Melchior Adam, de Taisand, etc.

[46**] Voy. ci-après, note 108 et la partie du texte qui y correspond.

[47] D. *Reg. Mss.*, 11 octobre 1555, f.° 459.

L'exemple de Govéa faillit à être contagieux. Claude Roger, autre professeur de Valence, demanda, au bout d'un mois, une chaire à l'université de Grenoble (voy. d. *Reg.*, 29 novembre 1555, f.° 481), et il paraît que le seul

Le procédé du conseil était justifié par un acte authentique, par les usages du temps et par les désirs de Govéa lui-même; cependant il est probable qu'il excita le ressentiment, et de la ville de Valence, et de Jean de Montluc, et que dès-lors ils épièrent les occasions de s'en venger, en faisant priver Grenoble d'un établissement dont le voisinage était d'ailleurs dangereux pour leur université.

Sur ces entrefaites, l'université de Grenoble ayant obtenu du roi, en 1558, un nouveau revenu annuel de 400 livres à prendre sur les gabelles du Pont-Saint-Esprit, on arrêta de *conduire* un nouveau professeur[48], et ce fut Gribald qu'on choisit pour la seconde fois, en 1559, et qui se contenta de 480 livres d'honoraires[49], c'est-à-dire de ce qui restait de libre sur les 1,400 livres affectées à l'université, après avoir prélevé le traitement de Govéa.

Ce désintéressement de Gribald, après quinze années d'intervalle depuis son premier professorat, pendant lesquelles le prix des denrées avait dû un peu augmenter, et Gribald acquérir plus de talens et d'expérience, s'explique lorsqu'on recherche ce qu'il avait fait dans une partie du même intervalle.

---

défaut de fonds empêcha de l'agréer. Il enseignait encore à Valence lors du second professorat de Cujas, années 1567 et suiv. (Voy. notre *Histoire du droit et de Cujas*, p. 393 et suivantes.)

[48] On avait eu aussi, vers la fin d'octobre 1555, un second professeur nommé Friol, vénitien, et, de 1556 à 1558, un autre nommé Colloreto. C'est tout ce que nous en avons pu apprendre. (Voy. d. *Reg. Mss.*, 18 octob. 1555, f.° 461; 7 novembre 1556, f.° 137; 13 décembre 1557, f.° 91; 17 avril 1558, f.° 150.)

(Addit.) Depuis notre première édition, nous avons vu dans diverses pièces (sac 570, liasse 1re, pièces 1 et 2; sac 914, liasse 3, pièces 15, 26, 29 et 30) que Colloreto était de Padoue, et qu'il avait professé à Grenoble en 1555, en 1557 et en 1558, aux appointemens de 120 livres par an.

[49] D. *Reg. Mss.*, 17 avril 1558, f.° 150 (cela s'induit de cette délibération). — Sa *conduite* est du 4 août 1559 (sac 570, liasse 1re, N.° 21).

Il est d'abord certain qu'il fut professeur à Padoue depuis 1548 jusque vers 1555[50].

Vers ce temps, la secte des Sociniens ou Anti-trinitaires, qui niaient la divinité de Jésus-Christ, avait fait des progrès en Italie. Gribald fut accusé d'en être un des zélés partisans. Cette imputation acquérant chaque jour plus de poids, Gribald, qui craignait les poursuites de l'inquisition[51], se sauva dans sa terre de Fargies, située au pays de Gex et à quelque distance de Genève.

Il chercha, sans doute pour sa tranquillité, à se procurer l'appui de Calvin, alors tout-puissant à Genève; mais, à la première conférence où il se présenta pour exposer ses sentimens, le fier réformateur le repoussa en quelque sorte jusqu'à ce qu'il se fût expliqué clairement sur le mystère de la Sainte-Trinité, et bientôt le fit chasser de Genève[52].

[50] Heineccius (*Vita Panciroli*, in ejusd. oper., iij, 341) dit jusque vers 1553; Nicolas Comnène (*Hist. Gymn. Patavini*, j, 252), et, d'après lui, Chauffepié (iij, 23, lettre *P*), jusqu'en 1556. En combinant les diverses époques des professorats de Pancirole, successeur de Gribald à Padoue, telles qu'elles sont indiquées dans son éloge (voy. *id.*, par FRANÇ. VIDUA, Padoue, 1599, in-4°, bibl. roy., P., 192), on pourrait penser que ce fut jusqu'en 1555. (Voy. aussi ci-dev., note 31, p. 17.)

(*Addit.*) Il est du moins certain que ce ne fut point jusqu'en 1556. En effet, dans un compte de paiemens faits pour l'université depuis 1551, Bucher réclame (sac 570, liasse 1re, pièce 2) 49 sous donnés à un messager qui avait porté à Fargies une invitation à Gribald de venir *lire* à Grenoble, « mais, » dit-il, estoit conduit et allé en Allemagne, qu'appert par missive de sa » femme à M. Roybon, conseiller de Savoye, et d'autres de lui audit Bucher.» La date du message n'est point indiquée, mais le compte a été arrêté le 28 décembre 1555.

Ajoutons que si l'on prend en considération le temps nécessaire pour le message, les divers envois de lettres, les négociations de la *conduite*, le voyage de Padoue à Fargies, etc., il est probable que Gribald avait quitté Padoue au moins au commencement de 1555.

[51] *Ferunt illum suspectum de hæresi, ac reum factum à quæsitoribus sacris, ne custodiæ ac vinculis traderetur, fugâ sibi consuluisse.* (COMNÈNE, p. 252.)

[52] Voyez, sur tous ces points, BAYLE, mots *Gribaud* et *Gentilis* (Valentin), note C. — (*Addit.*) Voir aussi CALVIN, lettre du 6 des nones (2) de mai 1557, in ejusd. *Epist.*, Lausanæ, 1576, p. 393, 394.

Il paraît que Gribald se réfugia alors en Allemagne, et qu'il professa quelque temps le droit à Tubinge [52*] ; mais, soit que ses opinions l'en eussent aussi fait expulser, soit que le désir de se ménager le grand conseil de Berne, alors souverain du pays où était située sa terre de Fargies [53], l'eût engagé à se rendre dans cette ville, il y fut arrêté et mis en prison. On lui reprochait, entre autres, d'avoir donné un asyle dans sa terre à Valentin Gentilis, dont le socinianisme était avoué, et il n'échappa au supplice qu'en faisant une espèce d'abjuration.

Quoi qu'il en soit, il était retiré dans sa terre lorsqu'au printemps de 1558, les Grenoblois cherchèrent à donner un adjoint à Govéa. Ignorant sans doute l'hétérodoxie qu'on reprochait à Gribald, ou séduits par son abjuration, ce que rend vraisemblable la profession de ceux qui négocièrent avec lui, et dont l'un était chanoine et l'autre procureur-général, ils l'appelèrent au mois d'août 1559 [54], et l'on conçoit que, dans sa position, il dut être peu difficile sur la quotité des appointemens.

[52*] Nous avons trouvé des renseignemens sur ce professorat dans MELCHIOR ADAM (*Vitæ jurisconsultor.*, 1706), à l'article de Jérôme Gérard, p. 95. D'après lui, l'hérésie de Gribald, *qui magno auditorio concursu apud Tubingenses jura explicabat.... detecta est....* Mais l'affaire s'assoupit par sa fuite, et ce doit être vers 1557, puisque Gérard ajoute, à l'article de Jean Hochmann (p. 177), qu'il fut fait professeur en 1558, après le départ de Gribald.

[53] Le pays de Gex....... Il ne fut rendu au duc de Savoie que par le traité du 30 octobre 1564. (Voy. COSTA, *Mémoires sur la Savoie*, ij, 56.)

[54] C'est le 17 avril 1558 qu'il fut question de le rappeler. La négociation dura dix-huit mois. Étienne Roibon, chanoine de Grenoble, et depuis, conseiller à Chambéri, et le procureur-général Bucher la dirigèrent. (Voyez d. *Reg.*, 17 avril 1558, 4 août et 18 septembre 1559, f.° 150, 277 et 282; ci-devant, note 49, p. 25.)

On dut sans doute, pendant ce long intervalle, prendre des renseignemens sur les opinions religieuses de Gribald, puisque en 1555 on en avait pris sur celles de Govéa (d. *Reg. Mss.*, 9 août 1555, f.° 438). Il faut donc, ou que ses aventures de Berne n'eussent point été divulguées, ou qu'elles aient été postérieures à son deuxième professorat de Grenoble, ce qui serait fort possible, car le récit de Théodore de Bèze, cité par Bayle, est assez vague. (Voir toutefois ci-après, note 57.)

Le choix de ce second professeur fut d'autant plus malheureux pour l'université, que Gribald donnait du poids à l'accusation de socinianisme, en n'assistant pas au service divin, et que le premier professeur, Govéa, quoique plus prudent ou plus dissimulé, passait pour être encore plus hétérodoxe que Gribald [54*].

On jugera de la réputation de Govéa à cet égard par ce qu'en pensaient les protestans eux-mêmes. Au bout de quelques mois, le 13 février 1560, Hubert Languet, espèce d'envoyé de l'électeur de Saxe, chargé de donner des nouvelles de ce qui se passait en France, soit à l'électeur, soit à son chancelier Ulric Mordisius (Mordeisen), écrivait à celui-ci que Cujas avait quitté l'université de Valence pour celle de Bourges, ce qui était vrai, et qu'il y serait remplacé par Gribald, en quoi Languet se trompait [54**]. Il ajoute aussitôt une remarque dont on comprendra toute l'acrimonie lorsqu'on saura qu'un autre jurisconsulte, Pierre Loriol, dont nous parlerons bientôt, et dont on suspectait aussi les opinions religieuses, était professeur à Valence. Gribald et Loriol, dit Languet, réunis à Valence, y feront un beau couple, surtout si l'on considère qu'ils auront dans leur voisinage, à Grenoble, Govéa, qui est encore plus scélérat que chacun d'eux. *Ei* (Cujacio) *Valenciæ succedet Gribaldus. Pulchrum sanè par, ubi ipse et Loriotus conjuncti fuerint, et habuerint Gratianopoli vicinum Goveanum, qui utroque est longè sceleratior* [55].

[54*] Voir, plus loin, la partie du texte correspondant à la note 123 ****.

[54**] Voy. notre *Histoire du droit et de Cujas*, p. 387, 388.

[55] HUBERTI LANGUETI *Epistolæ*, lib. II, lettre 12, datée du 13 fév. 1560, édit. de 1699, p. 34.

Chorier dit aussi que Govéa sema dans Grenoble des sentimens différens de ceux qu'un chrétien doit avoir de la divinité. (Voy. *id.*, *Histoire générale*, ij, 612.) — Selon Guy-Allard, au contraire (*Biblioth. du Dauphiné*, 1680, p. 119), Govéa avait fait l'apologie de sa conduite dans un discours excellent qu'on voyait autrefois dans la bibliothèque d'Ennemond Rabot d'Illins, premier président du parlement de Grenoble, à la fin du XVIe siècle (CHORIER, *Estat politique du Dauphiné*, tome I, p. 61); et, selon toute apparence, Govéa

Les habitans de Grenoble étaient sans doute moins prévenus, ou peut-être se laissèrent-ils entraîner par la réputation que deux jurisconsultes tels que Govéa et Gribald donnaient à leur université. Quatre mois à peine après la seconde *conduite* de Gribald, les élèves affluaient en si grand nombre dans leur ville, que plusieurs furent obligés de se retirer faute de logemens. Le 12 janvier 1560, sur le rapport qu'on en fit au conseil de ville, il arrêta que les aubergistes donneraient avis des élèves qu'ils ne pourraient recevoir, et que les consuls eux-mêmes se chargeraient de pourvoir à leur logement [56].

Cependant l'orage grondait déjà sur l'université. Le 15 octobre suivant, le conseil eut avis qu'on avait *taxé* Gribald auprès du gouverneur du Dauphiné, le duc de Guise, *d'être mal sentant la foi chrétienne*, et qu'on menaçait, à cause de cela, de supprimer l'université. Le conseil, soutenant que l'imputation faite à Gribald était calomnieuse (c'est ce que soutint aussi depuis, en 1577, Conrad Offenbach, élève de Gribald et éditeur de ses œuvres); pria le procureur-général Bucher de rédiger et envoyer des mémoires au gouverneur [57].

s'était, en effet, justifié, car autrement le duc de Savoie ne l'eût pas ensuite comblé de faveurs, comme on le verra plus loin.

[56] D. *Reg. Mss.*, d. date, f.° 35.

[57] D. *Reg. Mss.*, d. date, f.° 134 et 136; — OFFENBACH, d. édit de 1577, citée ci-devant, note 31, p. 17.

N. B. Offenbach ne donne aucune preuve à l'appui de la justification de Gribald. *(Addit.)* On trouve d'ailleurs dans la seconde *conduite* de Gribald une clause étrange, celle d'être affranchi de ses engagemens en cas d'une *nécessité à laquelle il serait contraint d'obéir* (sac 570, liasse 1re, pièce 21) : d'où l'on pourrait induire que lui-même n'espérait pas pouvoir se justifier de reproches dont la conséquence serait une expulsion. Et l'on serait d'autant plus fondé à l'induire, que non-seulement cette clause ne se trouve point dans la seconde *conduite* de Govéa, à peine antérieure d'une année (24 août 1558); mais qu'il s'y soumet à lire malgré tout empêchement, même de *peste*, et en exceptant le seul cas où le parlement cesserait ses fonctions (d. liasse, pièce 17).

Selon toute apparence, le procureur-général, qui se montra dans la suite un des catholiques les plus acharnés contre les protestans[58], négligea l'envoi des mémoires, ou n'y établit point sur des preuves positives l'opinion que le conseil avançait avec tant d'assurance. Le 9 ou 10 novembre suivant (1560), le parlement de Grenoble reçut des lettres du roi et du duc de Guise, portant ordre de chasser Gribald de la ville et du royaume, et les menaces de supprimer l'université furent renouvelées.

Les 10, 11 et 24 du même mois, le conseil prit des délibérations très-fortes pour faire rétracter ces ordres. Il observait, entre autres, que le départ de Gribald commençait à entraîner celui de beaucoup d'élèves; que les professeurs qu'on appellerait pour le remplacer seraient détournés d'accepter par la crainte d'être chassés sans jugement[59].... Ces remontrances, adressées à la cour, n'eurent aucun succès. Il n'est plus question dès-lors de Gribald dans nos registres. Les auteurs contemporains et les biographes modernes ne donnent, sur sa vie et sa mort, que des renseignemens vagues et douteux; tous ont même ignoré qu'il ait professé à Grenoble[60]. La conjecture la plus vraisemblable est

[58] CHORIER, *Histoire générale*, ij, 607 et 611.

[59] D. *Reg. Mss.*, mêmes dates, f.os 140 et suiv.
On essaya ensuite, mais sans succès, de *conduire* Roaldès, alors professeur à Cahors, pour remplacer Gribald. (Voy. *Reg. Mss.*, 29 août, 12 septembre et 17 octobre 1561, f.o 212, 216 et 219. — Voyez aussi, pour *Roaldès*, notre *Histoire du droit et de Cujas*, p. 592 et 593.)
Si l'on s'en rapporte à François Baudoin, il fut aussi appelé à Grenoble comme professeur, et il refusa d'accepter. (Voy. sa *Lettre à Calvin*, dans le recueil intitulé *Joannis Calvini responsio ad Balduini convitia*, 1562, p. 45.) Mais nos registres n'indiquent point cette proposition.

[60] Entre autres, BAYLE, CHAUFFEPIÉ et MORERI, mot *Gribaud;* — SIMON, *Bibliothèque du droit*, ij, 180; — ISAAC COMNÈNE, *Hist. Gymnas. Patavini*, in-f.o, 1726, tome I, p. 252; — NICERON, ix, 185...... Ce dernier fixe la mort de Gribald à 1556, et l'on vient de voir qu'il professait encore à la fin de 1560. Comnène la recule jusqu'à 1570; mais son récit est accompagné de circonstances inconciliables avec les faits avérés.

celle du célèbre Bayle, qui, d'après un passage de la vie de Calvin, où l'on annonce que Gribald était mort de la peste lorsque Valentin Gentilis vint chercher une seconde fois un asyle à Fargies, présume que ce fut vers 1565 ou 1566[61] que notre fameux professeur cessa de vivre; et en effet les mêmes registres nous apprennent que, dans nos pays et dans les provinces voisines, il y eut une peste furieuse en 1564 et 1565[61*].

Les Valentinois, informés, sans doute par Montluc, alors ministre d'état et très-puissant dans le conseil de Charles IX, surtout auprès de Catherine de Médicis, du peu de crédit des réclamations des Grenoblois, profitèrent des préventions de la cour pour demander qu'on réunit l'université de Grenoble à celle de leur ville. Ils soutenaient que deux universités ne pouvaient subsister ensemble en Dauphiné, et qu'il fallait maintenir celle de Valence, qu'ils prétendaient être mieux placée, etc.[61**]. On eut avis de leurs démarches le 3 octobre 1561. Le conseil ordinaire de Grenoble renvoya cette affaire, à cause de son importance, à une assemblée du conseil général de la ville. Cette assemblée, retardée par divers événemens, ne se tint que le 31, et, ce jour-là, on apprit que les Valentinois avaient obtenu un arrêt[61***] par lequel le conseil d'état ordonnait une procédure *de commodo et incommodo*, c'est-à-dire une procédure tendant à examiner dans

---

[61] Et non pas en 1564, comme le rapporte M. WEISS, *Biographie univ.*, xviij, 472. (Voy. BAYLE, mot *Gribaud*, note C.) — Voici d'ailleurs un témoignage à l'appui des conjectures de Bayle, celui de Valentin Forster, qui, dans un ouvrage publié en 1565 (*Historia juris*, in-f.°, Bâle) cite (p. 262) Gribald au nombre des jurisconsultes alors vivans.

[61*] Voir, plus loin, la partie du texte correspondant aux notes 90 à 92.

[61**] Le procureur-syndic des états de la province n'admit point ces prétentions. Il demanda constamment dans le procès sur l'enregistrement de l'édit d'union, dont nous parlerons plus loin, que les deux universités fussent maintenues. (Voir, entre autres pièces, le N.° 9 du sac 22.)

[61***] Rendu le 21 septembre 1561..... Il est cité dans le même édit d'union d'avril 1565, indiqué ci-devant, p. 10, note 16.

laquelle des villes de Grenoble ou de Valence l'université serait mieux placée [62].

Mais bientôt la première guerre civile religieuse, qui éclata en France au mois d'avril suivant (1562), détourna les deux villes de s'occuper de cette contestation importante, d'autant plus que les cours publics des universités furent suspendus dans presque toutes les académies du royaume [63].

C'est ce qui dut arriver surtout à Grenoble dont les protestans s'étaient emparés, et qui était placé sous la domination de ce baron des Adrets si tristement fameux par ses cruautés [64]. Govéa

[62] D. *Reg. Mss.*, 3, 17 et 31 octobre, 7 et 21 novembre 1561, f.º 217, 219, 233, 234 et 238.

[63] Voyez, quant à Grenoble, d. *Reg. Mss.*, 3 mars, 17 septembre et 22 octobre 1563, f.º 384, 440 et 443; — CHORIER, *Histoire générale*, ij, 599.
Ils furent également suspendus à Toulouse, à Montpellier et à Valence. (Voy. D. VAISSETTE, *Histoire de Languedoc*, tome V, p. 249; — DAIGRE-FEUILLE, *Histoire de Montpellier*, part. II, liv. XII, chap. 1, p. 341; — HOTOMAN, *Opera*, édit. de 1600, préfaces, à la fin du tome III, p. 25 et 60, comparées.)

[64] Un passage de nos registres donne une idée de la manière d'agir de ce guerrier farouche et de la terreur qu'il inspirait. Peu de jours après ses premiers exploits, lorsqu'il était à peine parvenu à trois journées de Grenoble, et que cette ville, très-forte, était encore au pouvoir des catholiques, il y envoya un députe dont la démarche auprès du conseil municipal est ainsi racontée : « Du 1er mai 1562 (f.º 286)..... Le sieur Daquin s'est présenté » soi-disant ayant charge du seigneur des Adrets étant de présent à Valence, » lequel aurait remontré au conseil d'avertir le sieur Jean Paviot, quatrième » consul, et M.e Jean Robert, avocat (il était du conseil), d'avoir à s'absenter » de la présente cité dans vingt-quatre heures, sous peine d'estre pendus et » estranglés. » Le conseil répond que Paviot est parti depuis deux jours, et Robert, ce matin; qu'on les avertira, s'ils reviennent, et qu'on prie M. Daquin « de porter les très-humbles recommandations de la cité au seigneur des » Adrets..... »
N. B. Chorier (ij, 558), en parlant de leur départ, a omis de faire mention de cette circonstance. — *(Addit.)* Voir, au reste, à ce sujet, notre *Supplément au récit fait par Chorier des désordres qui accompagnèrent, en 1562, l'occupation de Grenoble par les protestans*, dans les *Mémoires de la Société des Antiquaires*, tome XIV (IVᵉ de la seconde série), p. 175 et suivantes, surtout p. 176 et 177 (publié en 1838).

néanmoins ne quitta point la ville comme tant d'autres habitans, mais il ne put continuer ses leçons. Une note manuscrite d'un de ses élèves, Pierre de Mornyeu, gentilhomme de Belley, nous apprend qu'il y reçut même, le 9 août 1562, de la part d'un avocat grenoblois nommé Marc-Antoine, un outrage dont Mornyeu n'explique point la nature, mais qui devait être bien grave, puisqu'il le qualifie d'*atrox injuria*, et qu'il eut de la peine à retenir ses larmes lorsque Govéa le lui raconta[65].

Malgré cet outrage, Govéa resta à Grenoble au moins jusqu'à la fin d'octobre 1562, comme nous le voyons dans un compte du fermier des gabelles du Dauphiné[66]. Il se détermina, vers la fin de cette année, et sans doute à cause de l'impossibilité de reprendre ses leçons[66*], à accepter une place de professeur à

---

[65] Voy. p. 294 de l'exemplaire des œuvres de Govéa, cité ci-dev., note 43, p. 23. Mornyeu a mis cette remarque à la marge d'un passage où Govéa fait l'*éloge* de ce Marc-Antoine.

[66] Voy. ce compte, sac 914, liasse 1re, pièce 3. — Voy. aussi d. *Reg. Mss.*, 21 avril 1564, f.° 43.

[66*] On trouve dans les manuscrits Dupuy, B. R. (vol. 348, N.° 38) une notice de 4 pages sur Govéa, faite par Étienne Catini (*Stephanus Catinius*), de Chambéri, qui dit avoir étudié sous Govéa, d'abord à Grenoble et ensuite à Mondovi (*Mons Regalis*). Selon Catini, Govéa quitta Grenoble en 1561. Il se trompe évidemment. D'une part, la note de Mornyeu (voy. note 65) et surtout le compte du fermier des gabelles, constatent le séjour de Govéa dans cette ville en 1562; de l'autre, une des pièces nouvelles (sac 914, liasse 3, N.os 4 et 5) le constate encore mieux. Il s'agit d'une convocation des docteurs agrégés de l'université, pour examiner un docteur. Elle est datée du 4 avril 1562, et dans la liste des docteurs convoqués officiellement par le bedeau, au nombre de trente (on ne se contentait pas alors de cinq juges), on trouve *M. de Govéa, liseur.*

Au reste, l'erreur de Catini sur cette date et sur celle de la mort de Govéa, dont nous parlerons plus loin (note 74), est peu surprenante, parce que sa notice a été rédigée plus de vingt années après. Il y cite, en effet, les emplois et les succès obtenus par les trois fils de Govéa, dont l'un fut sénateur à Turin et conseiller d'état du duc de Savoie; or, l'aîné de ses fils, étant né en 1550 (Voy. MORERI, mot *Gouvéa*), n'avait pu être promu à de telles dignités avant 1580 ou 1585.

Toutefois, la notice de Catini est précieuse en ce qu'elle indique des faits

Mondovi, où il fut appelé par Emmanuel-Philibert, duc de Savoie, et successivement nommé conseiller au sénat de Piémont[67].

Les biographes, faute d'avoir pu, comme nous, puiser à des sources authentiques, n'ont pas moins commis d'erreurs sur la vie de ce grand jurisconsulte que sur celle de son collègue Mathieu Gribald. Bayle lui-même, qui lui a consacré un assez long article dans son *Dictionnaire*, n'a pu, malgré toute sa sagacité, éviter de tomber dans quelques fautes. Enfin, le critique de Bayle, Joly, chanoine de Dijon, qui compila, en 1748, un gros in-fol.[68], uniquement pour tâcher de prouver que Bayle avait peu d'érudition, a commis encore plus de fautes que celui-ci. Par exemple, Joly soutient que le vrai nom du jurisconsulte était, en portugais, *Gouvea*, et, en français, *Govéan* ou *Gouvéan*[69], tandis que

jusqu'à présent inconnus, et sur lesquels il n'a pu se tromper aussi facilement que sur des dates anciennes. Ainsi, il nous apprend, 1° que Govéa, en quittant Grenoble, faillit être victime, près du village de Domène, des embûches des guides que lui avait procurés l'avocat Marc-Antoine, déjà cité, et qu'il ne leur échappa que grâce à un gentilhomme envoyé par le duc et la duchesse de Savoie; 2° qu'il s'était marié deux fois, et avait eu, non un seul fils, comme le dit Moreri (*Sup.*), ou deux, comme l'avance Goigous (même mot), mais bien trois, le sénateur nommé Mainfroi, un célèbre prédicateur nommé Perolt et un savant professeur de mathématiques nommé Jantet; ce qui est confirmé par un autre élève de Govéa, dans une déposition (voir p. lvij de la *Vie de Govéa* déjà citée), si ce n'est qu'il nomme le second fils Pierre, et que, déposant au bout d'environ quarante années, il commet aussi une erreur de date (il y présente Govéa comme vivant en 1573).

Quoi qu'il en soit, il est du moins certain qu'en 1555, à son départ de Valence, Govéa avait déjà plusieurs enfans, d'après ce passage d'un compte de frais de voyage (sac 570, liasse 1re, pièce 12) : « dependu (dépensé) 12 livres » 2 sous pour aller querre (chercher) madame de Govéa et ses enfans. »

[67] DE THOU, *Histoire*, ij, 353, ad ann. 1565.
(*Addit.*) L'université de Mondovi fut ensuite transférée à Turin. (Voir notre *Histoire du droit et de Cujas*, p. 389, 390, 514 et 515.)

[68] Intitulé : *Remarques critiques sur le Dictionnaire de Bayle.*

[69] La Monnoie dit que c'est *Govéan.* (Voy. *Menagiana*, édit. 1715, iv, 223)
(*Addit.*) Guy-Allard (*Biblioth. du Dauphiné*, 1680, p. 118 et 119) et l'abbé de Saint-Léger (*Magasin encyclopéd.*, IVe année, an VI-1798, tome I, p. 340) écrivent aussi *Govéan.*

Bayle ne le nomme que *Govéa*[70]. Mais l'exactitude de Bayle est prouvée par les registres de notre conseil de ville, où, dans toutes les délibérations, le professeur est toujours nommé tout au long *M. de Govéa*[70*].

. Les biographes sont encore moins d'accord sur l'époque de la mort de Govéa. Nicolas Antonio dit qu'il vivait encore en 1595; un autre pense, d'après Élie Vinet, qu'il n'est mort que peu avant 1587; André Schot assure qu'il professait à Grenoble en 1566, et qu'il s'y maria en 1570. Bruneau, sans en indiquer la date, fixe le lieu de sa mort à Grenoble[71]. Bayle soutient qu'il est peu vraisemblable que Govéa soit mort en 1565, comme l'annoncent le président de Thou et Guy-Allard, et, par cela même que Bayle contredit le président de Thou, le chanoine Joly ne manque pas d'adopter la version du président et de fixer la mort de Govéa à l'an 1565[72].

Aucune de ces assertions n'est exacte. Il résulte d'abord des

[70] Nicolas Antonio (*Biblioth. hispanica*, j, 97) le nomme aussi, en portugais, *Govea*, et non pas *Gouvéa*, comme Moreri, Joly, Goigous et M. Nicolle, *Biogr. Michaud*, xviij, 210, h. v.

[70*] Il en est de même dans les pièces des sacs déjà cités (570 et 914), et, entre autres, dans celles où sont les listes des personnages présens aux assemblées de l'université. Au nom *M. de Govéa*, on y ajoute souvent les mots *liseur* (pour *lecteur* ou *professeur*) ou bien même *liseur ordinaire*. Enfin, l'une de ces pièces (sac 914, liasse 3, N.º 16) est une quittance originale, ainsi conçue : « J'ai reçu de MM. les consuls de Grenoble, par les mains de messire » Bucher (le doyen) cent cinquante écus d'or sol, en diminution des neuf » cents liures de ceste première année de ma conduite à lire en droict en » l'uniuersité de Grenoble. Faict ce huitiesme de nouembre mil cinq cent » cinquante-cinq. (Signé de sa main) Antoine de Gouéa. »

[71] Voy., pour les deux premiers auteurs, BAYLE, mot *Govéa*, note I; pour BRUNEAU, son *Supplément au Traité des criées*, p. 135; et, pour SCHOT, sa *Vie de Govéa*, dans LEYCKERT, *De vitis*, etc., p. 202.

[72] Voy. DE THOU, ij, 352, 353, lib. XXXVIII, ad ann. 1565; — BAYLE, d. note I; — JOLY, *Sup.*, p. 397; — GUY-ALLARD, *Sup.*, p. 119.

(*Addit.*) Semblable erreur dans Van-Vaassen (*Vie* déjà citée). Il indique (p. xxiv) la même date que Catini, ci-après, note 74.

registres de la mairie de Grenoble, que la mort de Govéa dut
arriver entre le mois de février et le mois de mai 1566, puisque
son procureur-fondé réclama, les 13 juillet et 28 décembre 1565
et 8 février 1566, des arrérages d'honoraires que la ville lui devait,
et que, le 24 mai suivant, on arrêta d'en conférer avec le procureur-fondé *des héritiers de feu M. de Govéa*[73]. Enfin, une des
notes manuscrites de l'élève déjà cité nous apprend positivement
qu'il mourut à Turin le 5 mars 1566[74].

Revenons à l'université de Grenoble.

La première guerre civile, qui en avait interrompu les cours,
fut terminée par l'édit de pacification du 19 mars 1563. Aussitôt
après sa publication, retardée à Grenoble jusqu'à la fin d'août[75],
on s'occupa de mesures pour mettre en état d'en reprendre les
leçons. On arrêta, entre autres, le 17 septembre, de refaire les
chaires et les bancs, car la guerre civile leur avait été aussi fu-
neste qu'en 1546 la bataille des cordeliers[76]. Comme les leçons
ne pouvaient avoir du succès et attirer des élèves étrangers

---

[73] D. *Reg. Mss.*, dd. dates, f.º 150, 213, 229, 270.

[74] Elle est à la page 322 de l'exemplaire déjà cité. On y rapporte d'abord
une épitaphe en vers latins, par Philippe Pingon, élève de Govéa, et l'on
ajoute : *Obiit Taurini 5 martis horâ noctis 6, sive uti apud nos 12 post me-
ridiem 1566, magno cum mœrore studiosorum.* Signé *Petrus à Mornyeu.*

(Addit.) Cette indication, concordant avec les énoncés authentiques des
registres cités ci-dessus, mérite toute espèce de confiance : aussi, ne nous
arrêterons-nous pas à celle de Catini (septembre 1565), dont nous avons
d'ailleurs démontré l'inexactitude quant aux dates (note 66*, p. 33). Nous
ferons observer seulement qu'il y confirme le bruit répandu sur la cause de la
mort de Govéa, savoir : une maladie occasionnée par une indigestion de melon,
bruit rapporté par de Thou *(suprà)*, et, d'après lui, par Moreri, du moins
dans l'édition de 1725, car dans la dernière, c'est-à-dire dans celle de 1759,
on a supprimé, et fort mal à propos, l'article de l'édition de 1725, pour s'en
tenir à celui du supplément de 1745, qui, d'après son rédacteur même, ne
devait être qu'une addition au premier.

[75] CHORIER, *Hist. gén.*, ij, 596.

[76] D. *Reg. Mss.*, 17 septembre et 22 octobre 1563, f.º 440 et 443.

qu'autant qu'il y aurait à la tête de l'université un grand jurisconsulte, on chercha à en *conduire* un qui eût de la réputation, et le
choix des Grenoblois tomba malheureusement sur Pierre Loriol[77],
dont nous avons vu (page 28) que les opinions religieuses étaient
déjà décriées[78].

Nos compatriotes étaient assez excusables, parce que la plupart
des jurisconsultes un peu distingués ayant embrassé la réforme,
il devenait très-difficile d'en obtenir un qui ne fût pas au moins
suspect d'hérésie. Tels étaient les émules de Cujas, François
Hottoman et Hugues Doneau, Charles Dumoulin, Jean de Coras,
François Baudoin, Louis Russard, Jacques Lectius, et autres, en
si grand nombre, que plusieurs écrivains avaient adopté ce singulier adage : *Omnis jurisconsultus malè de religione sentit;* ou
bien : *Bonus jurisconsultus, malus christianus*[79]. Cujas lui-même,

---

[77] D. *Reg. Mss.*, 3, 13 et 28 janvier, et 21 juillet 1564, f.º 3, 10, 15 et 80.
Au mois d'août 1820, long-temps après les lectures, et, à plus forte raison,
après la composition de notre mémoire, M. Poncelet, avocat et docteur en
droit (nommé depuis professeur-suppléant chargé de l'enseignement de l'histoire du droit à l'école de Paris), nous a communiqué une dissertation sur
Loriol, publiée à la fin de 1812 par M. Ch.-Henri Haase, de Leipsick (*Lipsiæ,*
in-8º de 34 pag.). On présume bien que ce savant, n'étant pas à portée des
sources, a dû commettre plusieurs erreurs; mais on trouve aussi dans son in-
téressant opuscule des documens relatifs au séjour de Loriol à Leipsick, que
vraisemblablement nous n'aurions pu nous procurer dans nos bibliothèques.
(*Addit.*) M. Poncelet est, depuis 1829, professeur en titre de l'histoire du
droit romain et du droit français.

[78] Il est au moins certain, par l'épître dédicatoire de son commentaire sur
le titre du Digeste *Si certum petatur*, publié en 1552, qu'il avait embrassé avec
ardeur la réforme (voyez M. HAASE, page 30); mais cet ouvrage était probablement inconnu à Grenoble (nous n'avons pu l'y découvrir) lorsque le conseil
municipal de cette ville appela Loriol à son université.

[79] Le premier adage est rapporté par Christophe Egendorph (*Consilia de
discendi jure*, 1537, cap. II, f.º 139).
A l'égard du second, nous voyons dans l'éloge de Jean Harppretch, professeur à Tubinge, né en 1560, mort en 1639, qu'il avait fait un discours pour
tâcher de réfuter ce *vulgatum dicterium*. Cet éloge, publié par Thomas Lansius
en 1640, est à la biblioth. roy., au recueil in-4º, P. 192.

malgré son extrême prudence, n'échappa point, comme on le verra, à l'imputation d'hétérodoxie, et la religion qu'il avait adoptée est même encore aujourd'hui un problème entre les savans [79*].

Pierre Loriol justifiait d'ailleurs, sous d'autres rapports, la détermination du conseil de Grenoble. Né à Salins, en Franche-Comté, ou aux environs, il avait été professeur d'abord à Bourges depuis 1528 jusqu'à 1545 [80], et successivement à Leipsick, où il avait enseigné avec un succès prodigieux jusqu'à environ 1554 [81]. En 1555, il remplaça Govéa à Valence, et il avait con-

[79*] Voyez notre *Histoire du droit et de Cujas*, *Éclaircissemens*, § xj, pag. 529 et suiv.

[80] Les épîtres de ses traités *De gradibus* et *De juris apicibus* (Lyon, 1554 et 1545) sont datées de Bourges, 1541 et 1545. — Bruneau fixe à 1528 le commencement de son professorat de Bourges (voy. *id.*, *Suppl. au Traité des criées*, p. 96 et suiv.), d'après Catherinot.

(*Addit.*) Voy. aussi LA THAUMASSIÈRE, *Histoire du Berry*, chap. LXVIII, page 62. Il ajoute qu'en 1532 Loriol épousa à Bourges Pétronille Babou, fille de Gabriel Babou, notaire royal.

[81] M. HAASE, pag. 23 à 28.

Son fils y soutint, le 19 novembre 1554, une thèse dans le frontispice de laquelle le père est qualifié de *jurisconsultus celeberrimus;* d'où M. Haase, p. 27, présume que Loriol père n'était plus à Leipsick. Mais, outre qu'on pût glisser cette qualification à son insu dans l'impression de la thèse, il serait assez extraordinaire que Loriol eût laissé à Leipsick, à deux cent cinquante lieues de Valence, un fils encore jeune, qui le suivit dans ses migrations ultérieures (voy. ci-après, note 98). Il est donc plus probable qu'il ne quitta Leipsick qu'en 1555, lorsqu'il fut appelé à la chaire de Govéa.

(*Addit.*) Nous avons trouvé, depuis notre première édition, la preuve qu'on ne peut rien induire de la qualification de *celeberrimus*, parce que les jurisconsultes se la laissaient donner sans cérémonie dans les actes passés en leur présence. Nous avons déjà cité un diplôme de 1545 (note 22, page 12), où elle est donnée à Gribald. Elle est aussi attribuée 1° à Govéa, dans un diplôme de docteur dont il conféra lui-même les insignes en 1558 (sac 914, liasse 3, pièce 32); 2° à Cujas, dans un diplôme de même genre délivré en 1568, sur sa présentation, et cité dans notre *Coup d'œil sur l'emploi de la langue latine dans les actes anciens* (*Mémoires de la Société des Antiquaires*, tome VI, page 293).

A l'égard 1° des pouvoirs pompeux conférés par ce diplôme, voir encore le

tinué d'y professer jusqu'au mois de février 1564[82], lorsqu'il fut appelé à Grenoble pour trois ans. Enfin, il avait publié, depuis 1541, plusieurs ouvrages estimés et fort cités au XVIᵉ siècle[83]; tels que des traités *De juris apicibus* et *De debitore*, et des commentaires sur les titres des règles du droit, des degrés de parenté, et divers autres titres du Digeste, etc. On jugera, au reste, de sa réputation par ce que disait de lui un jurisconsulte belge, nommé Gilbert Regius, dans un ouvrage publié en 1564 : *Petrum Loriotum Salinensem, singularis doctrinæ et judicii virum audivi Valentiæ Cavarum annos aliquot; ea siquidem erat hominis fama, ut nihil ejus consuetudine et disciplinâ felicius mihi contingere sperarem*[84].

Mais plus Loriol, la religion exceptée, avait de titres à l'estime

Coup d'œil, pag. 292 et 293; 2º du nombre d'examinateurs pour le doctorat, voir ci-dev., note 66*, page 33, et notre *Discours sur l'enseignement du droit en France*, 1838, page 20; 3º de la manière de conférer les insignes du doctorat, voir même *Discours*, page 21 et note 1, *ibid:*

[82] Il était professeur à Valence dès 1556, d'après l'épître de son commentaire sur la seconde partie du Digeste (Lyon, 1557), adressée à Montluc, en qualité de chancelier (*præsul*) de l'université de Valence; et André d'Exéa, autre professeur à la même université (voy. ci-dev., note 46*, page 24), le qualifie de *collègue* dans ses *Prælectiones* sur la juridiction (pag. 94), publiées à Lyon en 1559.

[83] Il fut cité dès 1545 par François Baudoin (*Prolegomena juris*, 1545, page 132); en 1562, par Emmanuel Soarez (*Observationes juris*, cap. XXVI, dans le *Trésor* de Meerman, tome V, page 585); avant 1594, par Jean Borcholten (mort cette année), dans son commentaire sur les Instituts (voy. la *table* de *id.*, édit. 1595., biblioth. de Grenoble, N.º (ancien) 5647 et (nouv.) 5868. — M. Haase, pag. 17, 18 et 34, indique plusieurs autres jurisconsultes qui ont cité et *loué* les ouvrages de Loriol, d'autres qui se sont formés à ses leçons, et il fait lui-même l'éloge des traités *De apicibus* et *De juris arte*.

(*Addit.*) Loriol a aussi été cité en 1580 par Pierre de la Grange (*Petrus Grangianus*), dans ses *Paradoxa juris civilis, etc.*, cap. LXVII (*Trésor d'Otton*, tom. V, p. 649).

[84] Voy. *id.*, *Enantiophanon juris*, lib. II, cap. X, au *Trésor d'Otton*, t. II, p. 1501. — Regius avait vingt-quatre ans lors de la publication de cet ouvrage, en 1564. (Voy. d. tom. II, *præf.*, p. 31.)

des Grenoblois, plus les Valentinois durent savoir profiter de sa réputation d'hétérodoxie pour reprendre et appuyer leur première demande d'union. Dès le 13 avril 1564, François Hottoman, à qui l'évêque Montluc avait fait donner une chaire de professeur à Valence, vers la fin de 1562[85], lui dédia un ouvrage où il le sollicitait, en termes détournés, mais assez intelligibles, de procurer, par son crédit auprès du roi, l'accroissement que son université désirait[86]. L'été suivant, le roi étant venu en Dauphiné, et n'ayant pu s'approcher de Grenoble alors désolé par la peste, on profita sans doute de son passage à Valence, au commencement de septembre[87], pour obtenir qu'on fît la procédure *de commodo et incommodo*, ordonnée en 1561. Un maître des requêtes s'en

[85] Voy. la préface (N.º 20) de son *Commentaire sur la loi des XII tables*, datée de Valence, le 27 décembre 1562 (*in ejusd. oper.*, t. III, in-f.º, p. 25), et la préface (N.º 49) de son fils (*ibid.*, p. 70).

[86] Voy. cette épître dans les mêmes préfaces, N.º 21, p. 26. — Ennemond Bonnefoi, professeur à Valence, dans la suivante (N.º 22, p. 27), datée du 18 août 1565, en citant l'édit d'union de l'université de Grenoble à celle de Valence, donne à entendre qu'Hottoman eut quelque influence sur cette opération.

[87] Charles IX fit, de 1564 à 1566, avec sa cour, un voyage dans les provinces de l'est, du sud et de l'ouest. On a plusieurs de ses lettres-patentes, déclarations, etc., datées de Lyon, les 19, 24 et 27 juin, et 2, 4, 5, 6 et 7 juillet 1564. (Voy. BLANCHARD, *Compilat. chronolog. des ordonn.*, tom. I, p. 871 et suiv.)

De là, selon Chorier (*Histoire générale*, ij, 600), le roi vint au château de Roussillon, à deux lieues de Vienne, d'où il se rendit pendant quelques jours à Crémieux, et nous avons en effet un rescrit (voy. ci-dev. note 35, pag. 20) daté de Crémieux, le 16 juillet. (Voy. *Table Mss. des regist. du parlement de Toulouse*, bibl. de Grenoble, N.ᵒˢ (anciens) 1719 et 217.) — Il retourna aussitôt à Roussillon, où il donna aussi plusieurs lettres-patentes, etc., les 22, 27 et 29 juillet, 2, 4, 9, 10, 12, 13 et 14 août. (BLANCHARD, *ibid.*) — Il descendit de là à Valence, au commencement de septembre, suivant Chorier (*ibid.*); mais c'est quelques jours plus tôt, puisqu'on a des rescrits datés de cette ville, les 30 août, 1ᵉʳ, 2 et 5 septembre. De Valence il fut à Étoile, à deux lieues au midi (*rescrits* des 10 et 12 septembre), à Montélimar (*rescrit* du 15), à Avignon (*rescrits* des 30 septembre, 5 et 14 octobre), à Aix (*rescrit* du 24 octobre), à Marseille (*rescrit* du 9 novembre), à Arles (*rescrits*

occupa depuis le 15 jusqu'au 30 du même mois de septembre. Il
en présenta le rapport le 18 octobre, lorsque la cour voyageait en
Provence [88]; et, au mois d'avril 1565, lorsqu'elle était à Bordeaux,
le roi rendit un édit qui réunissait l'université de Grenoble à celle
de Valence [89].

Les Grenoblois se plaignirent de ce que cet édit était subreptice
et avait été arrêté sans qu'on leur eût communiqué la procédure,
sans même les appeler, et à plus forte raison les entendre [90]; et
lorsqu'on examine les lieux et les époques, on est convaincu que
leurs plaintes étaient fondées. Depuis le mois de juin 1564,
Grenoble était en proie à une peste dont les ravages devinrent si
violens, qu'au mois d'août la plupart des habitans, presque tous
les magistrats, les hommes de loi, les notaires, enfin les membres
du conseil de la ville s'enfuirent hors de ses murs. La dernière

des 26 novemb. et 6 décemb.), à Montpellier, etc. (Voy. BLANCHARD, *ibid.*)

M. Dufau (*Hist. gén. de France*, 1819, tome **XXX**, part. II, pag. 23-28)
s'est donc trompé lorsqu'il fait aller le roi de Valence au château de Roussillon
(c'eût été une marche rétrograde), et de ce château en Provence.

[88] Voy. *Répert. Mss. des titres de l'hôtel-de-ville de Valence*, même date.
(*Addit.*) *Édit d'avril* 1565 (liasse ou sac 17 *b*, déjà cité, pièce 1re) au préambule.

[89] Voy. *Mémoires Mss. divers de Grenoble*, sac 914, et *ibid.*, liasse 1re,
pièce 4, au préambule.

(*Addit.*) Il devait être motivé (on l'a vu page 31) sur ce que l'université,
en supposant qu'on ne put en maintenir qu'une en Dauphiné (mais voy. note
61**, page 31), serait mieux placée à Valence. On y expose, en effet, que
Valence l'emporte sur Grenoble pour l'opportunité du lieu, la salubrité de
l'air, le bon marché des vivres, la commodité des logis...... Mais on y insiste,
avant tout, sur ce que Grenoble a un grand nombre d'établissemens publics
(parlement, chambre des comptes, etc.), et une grande abondance de richesses
et de peuple; tandis que Valence « ne peut s'accroistre et bonifier que par une
» bonne université, laquelle ne peut apporter grande diminution à Grenoble. »
(Sac ou liasse 17 *b*, déjà cité, pièce 1re.)

[90] *Mémoires ou requêtes Mss.*, des 28 février, 31 mars et 1er avril 1566,
même liasse, pièc. 5, 6 et 7. — *Reg. Mss. de Grenoble*, 7 novembre 1561,
f.° 234. — Voy. surtout ci-après, note 92*.

assemblée de ce conseil, qui en tenait toujours une, et fort souvent deux chaque semaine, est du 11 août; après quoi l'on n'en trouve plus dans ses registres jusqu'au 15 décembre; et, après celle-ci, il y a une nouvelle lacune jusqu'au 20 janvier 1565, quoiqu'il ne manque pas un seul feuillet, et que les nombres de la pagination se suivent avec exactitude[91]. Comment les conseillers auraient-ils pu défendre la ville contre des procédures et rapports faits dans cet intervalle, d'autant plus qu'il paraît que l'édit d'union ne leur fut même connu qu'à la fin de 1565[92]?

Fondé sur ces motifs, le conseil de ville forma opposition, comme tiers non ouï, à l'enregistrement de l'édit[92*]. Le procès, d'abord porté au parlement de Grenoble, fut bientôt évoqué au conseil d'état[92**]. Il serait tout-à-fait superflu d'indiquer les mémoires et délibérations qui furent rédigés, et les députations qui furent envoyées à cette occasion, et dont il est question dans les registres ou archives de Grenoble[93]. Nous ne nous arrêterons qu'à deux ou trois circonstances, parce qu'elles eurent beaucoup d'influence sur la décision finale.

[91] Ceci est un extrait d'une foule de délibérations prises depuis le 8 juin 1564 jusqu'au 13 juillet 1565 (voy. dd. *Reg. Mss.*) pendant les intervalles où les assemblées purent se former.

[92] La première délibération où il en soit question est datée du 14 décembre 1565. (Voy. *iid.*)

[92*] Sa *non-audition* résulte de l'édit même, puisqu'on s'y borne à citer « les » articles et remontrances présentés par les ville et université de Valence », sans énoncer, ni directement, ni implicitement, qu'on les ait communiqués à la ville de Grenoble.

[92**] Voir, pour les pièces du procès soutenu au parlement, *Archives de Grenoble*, sac 22. — L'évocation, qui était déjà dans l'édit d'avril 1565, fut renouvelée par des lettres de jussion, le 12 février 1566 (même sac, pièce 2).

[93] Voy., entre autres, *Mémoires Mss., requêtes, lettres, etc.*, sac 914, liasses 1re et 2e, surtout pièces 6 et suiv. de la 1re; — *Édits, arrêts, etc.*, sac ou liasse 17 *b*, pièce 1re; — dd. *Reg. Mss.*, 13, 15 et 17 mars, 2 juin, 23 août, 8 et 15 novembre 1566, et 13 juin 1567.

I. En ordonnant l'union des deux universités, l'édit d'avril 1565 avait en même temps décidé que les 1,400 livres prélevées sur les produits des gabelles pour l'entretien de l'université de Grenoble seraient payées à celle de Valence[94]. Il résulta de là que la ville de Grenoble, déjà dénuée de ressources, et dont les charges et dettes s'étaient augmentées pendant la guerre civile de 1562 et 1563, se trouva hors d'état d'entretenir les professeurs. Ceux-ci cessèrent leurs lectures; les élèves quittèrent la ville, et l'université parut tomber d'elle-même.

La détresse de la ville était telle, qu'elle fut réduite : 1° le 24 mai 1566, à proposer aux héritiers de Govéa de leur emprunter les honoraires arriérés qu'elle devait à celui-ci avant son décès; 2° le 26 janvier 1567, à proposer aussi à Loriol, auquel elle devait également des arrérages considérables, de renouveler sa *conduite*, qui expirait le mois suivant, mais en se soumettant à ne recevoir aucun honoraire à l'avenir, si la ville perdait le procès relatif à l'union; marché singulier, dont Loriol ne voulut pas courir la chance[95].

Observons à ce sujet que les biographes n'ont pas été plus exacts pour Loriol que pour Gribald et Govéa. Simon, par exemple, dit que Loriol professa à Bourges et à Valence, où il mourut en 1558[96], tandis que nous voyons, par nos registres, qu'au mois de février 1567, Loriol professait encore à Grenoble,

[94] Voy. sac 914, liasse 1re, pièce 4 ; — dd. *Reg.*, 14 et 28 décembre 1565, 11, 18, 21 et 25 janvier, 1er mars, 30 juin, 8 et 15 novembre 1566 ; — Chorier, *Histoire générale*, ij, 612.

[95] D. *Reg. Mss.*, mêmes dates.
Enfin, elle fut obligée d'emprunter pour payer Loriol. (D. *Reg.*, 1er et 14 juillet 1567, f.° 22 et 25.)

[96] *Bibliothèque du droit*, ij, 159. — M. Haase, p. 28 et 30, et Bruneau, *Supplément au Traité des criées*, p. 96, ont commis la même erreur.
(*Addit.*) Selon M. Weiss (*Biographie Michaud*, tome XXV, 1820, p. 46), Loriol, après avoir refusé, en 1565, une chaire à Besançon, se retira à Leipsick, où il mourut vers 1580.

dont Simon ne parle pas, et qu'au 1er juillet suivant il y soutenait contre la ville un procès pour ses honoraires arriérés[97]. Il paraît même certain, par deux de leurs énonciations, qu'il y mourut ou vers la fin de 1567[97*], ou seulement vers 1573[98].

II. Une opération adroite du conseil de ville de Valence ne fut pas moins nuisible à la ville de Grenoble que la cessation temporaire des cours de notre université. Au mois d'avril 1567, il envoya à Cujas, pour lors professeur à Turin, un député qui passa avec lui, le 5 mai, un traité pour l'engager comme professeur à Valence, mais un traité subordonné à la ratification de la ville. La ville de Valence ajourna sa ratification jusqu'à la décision du procès relatif à l'union. Elle envoya sur-le-champ le même député à Paris, avec des lettres pour Montluc, où elle lui faisait observer que si elle n'obtenait pas l'union (et par-là même les 1,400 livres affectées annuellement à l'université de Grenoble), elle serait hors d'état de payer les honoraires promis à M. Cujas[99].

Ces honoraires étaient en effet très-considérables. Indépendamment des rétributions des grades et de cent écus d'or pour les frais de son voyage de Turin à Valence, on promettait à Cujas une somme annuelle de 1,600 livres et la location gratuite d'une

---

[97] D. *Reg. Mss.*, 26 janvier et 1er juillet 1567, p. 360 et 22.

[97*] Voy., pour cette première époque, ci-après, note 123***.

[98] En 1574, Loriol fils, ayant été cotisé à la taille, en fut exempté, sur sa demande, par le conseil municipal, soit parce qu'il était du nombre des vingt-un avocats consistoriaux du parlement, soit en considération « des bons » et agréables services ci-devant faits à la ville par *feu* M. Loriol, son père. » (Voy. d. *Reg.*, 21 mai 1574.)

(Addit.) Dans notre première édition, nous induisions de ce passage que la mort de Loriol était survenue en 1573, parce que, si elle eût été antérieure, son fils, dès-lors cotisé, n'eût pas manqué de réclamer. Nous ne réfléchissions pas qu'on avait pu omettre de cotiser Loriol fils aussitôt après la mort de son père. (Voy. même note 123***.)

[99] *Reg. Mss.* des conclusions de la ville de Valence, du 22 mai 1567, et autres documens cités dans notre *Histoire de Cujas, Éclaircissemens*, § 8, N.º 8, p. 518 et suiv.

maison. On pourra juger de ce que ces honoraires vaudraient à présent, par la différence des loyers de la maison, qu'après bien des recherches nous avons découvert être située dans la rue Saint-Félix de Valence, et appartenir aujourd'hui à madame veuve David, de Grenoble. Elle fut louée, en 1567, pour Cujas, 70 livres, et aujourd'hui elle produit plus de 600 francs, ou huit à neuf fois plus qu'en 1567 [99*].

Il faut l'avouer, c'était un bien singulier motif que le défaut de ressources que la ville de Valence faisait valoir pour demander la suppression de l'université de Grenoble. Il dut néanmoins être du plus grand poids auprès de Montluc [99**], à cause de son estime et de son affection pour Cujas, qui étaient telles, que, pour aider la ville de Valence, il lui abandonna, pour tout le temps que Cujas y professerait, 200 livres de pension qu'elle lui faisait annuellement [100]. On conçoit, d'ailleurs, que Montluc dût être fort empressé d'attacher à l'université dont il était le chef, en qualité de chancelier [101], un savant déjà placé par l'opinion la plus générale à la tête des jurisconsultes de ce siècle, et qu'en même temps cette réputation de Cujas dût également, au conseil d'état, concourir à faire pencher la balance en faveur de l'université à laquelle il s'agrégeait.

Aussi, quoique la cause de l'université de Grenoble fût fortifiée de l'avis des tribunaux suprêmes et de celui des états de la province, le 16 juin 1567, ou quelques jours à peine [102] après

[99*] *Aujourd'hui*, c'est-à-dire en 1821, date de notre première édition. (Voy. ci-devant, note 29**, page 16.)

[99**] Il concordait, d'ailleurs, avec le motif principal de l'édit d'union, exposé ci-devant, note 89, page 41.

[100] *Reg. Mss. de Valence*, 11 juin 1567.

[101] Voy. ci-dev., note 82, page 39; — *Scaligerana secunda*, mot *Recteur*, page 530.

[102] Voy. d. *Reg. Mss. de Valence*, 6 juillet 1567; — CHORIER, *Hist. gén.*, ij, 612; — surtout sac ou liasse 17 b, pièce 1re.

(*Addit.*) Le parlement de Grenoble n'enregistra l'édit d'union qu'en 1577,

l'arrivée du député de Valence à Paris, l'opposition de la ville de
Grenoble fut rejetée par le conseil d'état, et l'édit d'union maintenu avec toutes ses conséquences; et aussitôt qu'on en eut l'avis
officiel à Valence, le 6 juillet, on ratifia la *conduite* passée avec
Cujas, qui se rendit bientôt dans cette ville.

III. On voit que c'est surtout à la protection puissante de
Montluc que l'université de Valence dut son triomphe. Plusieurs
documens le prouvent : tels sont, d'abord, la délibération prise
par le conseil de Valence, le 22 mai 1567, où l'on s'en rapporte
à Montluc pour le traité fait avec Cujas, et où on lui envoie un
député à Paris pour solliciter l'union, et une lettre de ce député,
du 4 juin suivant, où il annonce qu'il a trouvé monseigneur
l'évêque dans de bonnes dispositions touchant l'union des universités et la *conduite* passée avec M. Cujas[103]....... Telle est
aussi une lettre du député de Grenoble à Paris (Bectos de Val-
bonais, premier consul), datée du 28 juillet précédent, 1566,
où, parlant d'une entrevue avec le maître des requêtes rapporteur
du procès, il dit qu'il en espère bonne justice, quoique *le crédit
de monseigneur de Valence soit grand*[104].

Ce crédit était assez naturel. Issu d'une des plus illustres
familles de l'Europe, celle de Montesquiou-Fezenzac[105], frère et
père naturel de deux maréchaux de France, Jean de Montluc

---

et à la charge que, sur les anciens deniers du sel affectés à l'université de Grenoble et transportés par l'édit à celle de Valence, on prélèverait chaque année
300 livres, pour entretenir deux régens qui enseigneraient les *bonnes lettres* à
Grenoble. (Sac ou liasse 17 *b*, pièce 1re.)

Il s'éleva sur ce point diverses difficultés entre les deux villes, difficultés
qu'elles terminèrent en 1582, par une transaction où celle de Valence s'engagea
à payer à celle de Grenoble une indemnité de 3000 livres (sac 914, liasse 1re,
pièce 14), et où celle-ci se départit de toute opposition au paiement des mêmes
deniers.

[103] *Reg. Mss. de Valence*, 22 mai et 11 juin 1567.

[104] Voy. cette lettre, sac 914, liasse 1re, N.º 10.

[105] Voy. MORERI, mots *Montluc* et *Montesquiou*.

était conseiller au conseil privé [106], ce qui équivalait aux fonctions actuelles de ministre d'état, et il était généralement regardé comme un des hommes les plus éloquens et les plus habiles de son temps. On lui confia à l'intérieur du royaume, même sur la fin de ses jours, quoiqu'il eût encouru la disgrâce de Henri III, les affaires les plus difficiles [107], et, à l'extérieur, les négociations les plus épineuses. Il fut chargé de seize ou dix-sept ambassades différentes [108], dont deux en Turquie, autant en Pologne, à Rome

[106] Il l'était depuis environ 1559, car Cujas, dans sa défense de Montluc (*Præscriptio pro Montlucio*), composée vers la fin de 1574 (voy. notre *Histoire de Cujas, Éclaircissem.*, § 5, N.º 29, page 472), dit qu'il y a quinze ans qu'*il est* du conseil privé. (Voy id. *Opera*, édit de Fabrot, viij, 1262.)

On voit aussi, par ces expressions de Cujas, que Montluc était encore du conseil privé à la fin de 1574. Néanmoins, M. Dufau (*Hist. génér. de France*, 1820, tome I, page 39) ne le comprend point dans la liste des membres dont il dit que ce conseil fut composé par Henri III pendant son séjour à Lyon, c'est-à-dire pendant septembre, octobre et la moitié de novembre 1574. (Voy. *Lett. dans les addit. aux Mémoires de Castelnau*, iij, 440, 442, N.ºs 138 et 143.) C'est une omission. L'assertion de Cujas est confirmée par Matthieu, qui, en citant le réglement de Henri III, indique l'évêque de Valence au nombre des conseillers autorisés à rester dans la chambre du roi lorsqu'il y entrait pour délibérer avec ses ministres. (Voy. *id.*, tome I, page 403; — SECOUSSE, *Acad. des Inscript.*, xvij, 662.)

[107] Entre un grand nombre de commissions dont nous avons la note, nous nous bornerons à citer celle de la surintendance générale de police, justice, finances et octrois des villes dans le Languedoc, qui lui fut délivrée par des lettres-patentes du 12 janvier 1578 (quinze mois avant sa mort) avec la mission délicate de pacifier les troubles de religion dans cette province. (Voy. D. VAISSETTE, *Hist. du Languedoc*, tome V, page 368.)

Ce fut l'élection au trône de Pologne qui priva Montluc de la faveur d'Henri III, parce que ce monarque ne la regardait que comme une espèce d'exil. (D'AUBIGNÉ, *Hist.*, liv. II, chap. II, tome II, page 667.)

[108] Le Laboureur (*Addit. aux Mém. de Castelnau*, liv. II, chap. V, tom. I, pag. 427) et Moreri (mot *Montluc*) disent seize ambassades : Montluc, dans sa seconde harangue aux Polonais, semble en compter dix-sept. (Voy. *idem*, dans LA POPELINIÈRE, *Hist. de France*, in-f.º, 1581, liv. XXXV, f.º 172.) Au reste, les historiens n'en indiquent pas un plus grand nombre; d'où il résulte que sa carrière diplomatique se termina avec sa seconde légation en Pologne.

(*Addit.*) Nous avons découvert une copie ancienne (sac 914, liasse 3, pièce 23) du diplôme constatant que le grade de docteur en droit a été conféré à

et en Angleterre; d'autres en Hongrie, à Venise, en Écosse, en Belgique, etc. [109]. Pendant sa seconde ambassade en Pologne, ou cinq ans après l'union de l'université de Grenoble à celle de Valence, il parvint, malgré les plus grands obstacles, à faire nommer roi de Pologne, le duc d'Anjou, depuis Henri III [110].

Remarquons, en passant, une nouvelle ou plutôt de nouvelles erreurs des biographes. Chaudon, tout bénédictin qu'il était, 1° désigne dans son *Dictionnaire historique portatif*, devenu dans la suite *importatif*, si l'on peut parler ainsi, cette seconde ambassade de Pologne comme la première des seize ou dix-sept ambassades de Montluc, et ce fut justement la dernière [111]; 2° il lui fait donner par le roi, en récompense du succès de la même ambassade, l'évêché de Valence, et Montluc avait cet évêché depuis vingt ans [112]!

Montluc par l'université de Grenoble, le 3 des ides (11) de juin 1557. Il y est dit qu'il avait alors rempli huit légations, savoir : une en Grèce, deux à Rome, une à Venise, une en Angleterre, une en Belgique, une en Pologne, une en Écosse.

[109] CUJAS, *Præscriptio pro Montlucio*, d. p. 1262.

[110] Voy. LA POPELINIÈRE, *ibid.*, f.° 162 et suiv.; — les deux harangues de Montluc, *ibid.*; — CHOYSNIN, *Discours*, etc., *pour l'élection du roi de Pologne*, 1574.

[111] Voy. ci-devant, note 108, page 47.

[112] Il y fut nommé en 1553. (COLUMBI, *De rebus gestis episcoporum Valentinorum*, pag. 214.)

Les mêmes erreurs sont dans le *Dictionnaire* de PRUDHOMME, mot *Montluc* (après avoir parlé de l'élection de Pologne, il annonce que Montluc fut *ensuite* nommé ambassadeur en Italie, en Allemagne, en Angleterre, en Écosse et à Constantinople), et elles ont été reproduites par son continuateur Goigous. M. de Lacretelle, dans son *Histoire de France*, ouvrage d'ailleurs si recommandable, s'est également trompé lorsqu'il dit (liv. VII, tome II, page 390) que Montluc « avait déjà, en semant l'or et les promesses, gagné un parti » nombreux au duc d'Anjou, lorsqu'on apprit (en Pologne), mais avec des » détails confus, le massacre général des protestans en France. » Nous voyons, soit dans LA POPELINIÈRE (liv. XXX, f.° 85), soit dans CHOYSNIN (*Discours* déjà cité, f.° 8 et suiv.), soit dans DE THOU (lib. LIII, ad ann. 1572, p. 841) que Montluc, quoique parti le 17 août, arrêté à chaque instant dans son voyage

Un autre événement nous fournit encore une preuve plus forte du crédit de l'évêque de Valence. D'après le droit romain, la succession des enfans morts sans descendans et sans frères ou sœurs germains appartient, après la mort de leur père, à leur mère, à l'exclusion de tous les parens paternels des enfans[115]. Blaise de Montluc, frère de l'évêque, avait assuré ses biens, situés en pays de droit écrit, à son fils Pierre, en le mariant à Margue- rite de Caupène. Pierre périt dans une expédition contre l'île de Madère, en 1565, laissant un fils en bas-âge. L'évêque, voulant empêcher, en cas que son petit-neveu mourût jeune, que les biens des Montluc ne passassent à la famille de Caupène, eut assez de pouvoir pour faire rendre, au mois de mai 1567, un mois à peine avant l'arrêt d'union des deux universités[114], un édit connu sous le nom d'édit de Saint-Maur ou édit *des mères*, par lequel, au mépris des lois romaines, consacrées par un usage de

par une multitude d'obstacles, ne put arriver en Pologne que le 15 octobre; que, tombé malade à Épernay, il avait appris, avant d'être sorti de la Cham- pagne, la nouvelle de la Saint-Barthélemi, et que cette nouvelle était répandue dès long-temps avant qu'il eût atteint les frontières de Pologne; qu'elle mit même Choysnin, par qui il s'était fait devancer, dans une position très- embarrassante; que tout ce que put faire Choysnin, ce fut d'obtenir qu'on ne condamnerait point le duc d'Anjou avant d'avoir entendu *le boiteux*, c'est-à- dire l'évêque de Valence.

[115] *Novelle* 118, chap. II.

[114] Quatre mois auparavant, ou en janvier 1567, il avait obtenu du roi des lettres de légitimation pour Jean de Montluc de Balagny, son fils naturel. (Voy. MORERI, mot *Montluc;* — DREUX DU RADIER, *Biblioth. hist. du Poitou*, ij, 399.)

Cet acte est une preuve non moins décisive de l'étendue de son crédit en 1567, puisque les enfans des prêtres étaient rangés dans la classe des enfans incestueux, et qu'il est de règle que les incestueux ne peuvent point être légitimés. Mais, quelque illégal qu'il fût, il effaça le vice de la naissance de Balagny. Il fut depuis maréchal de France, et il épousa deux femmes appar- tenant à des maisons illustres, Renée de Clermont d'Amboise et Diane d'Estrées de Cœuvres. (MORERI, *ibid.*)

N. B. L'édit de Saint-Maur a été rapporté en 1729.

plusieurs siècles, on réservait aux parens paternels les biens qui
étaient parvenus aux enfans, du chef de leur père.

Si nous adoptions de confiance les époques indiquées par les
biographes, tels que Moreri, l'auteur de la partie historique de
l'*Encyclopédie*, Chaudon, Goigous [115], nous ne comprendrions
rien à cette espèce d'intrigue dont nous devons les détails curieux
au président de Thou, parce que, faute d'avoir examiné avec
soin son récit de l'expédition de Madère, ils ont reculé à l'année
1568 la mort de Pierre de Montluc [116], tandis qu'elle a, au contraire, précédé de deux ans le fameux édit de Saint-Maur [117].

[115] Voyez ces biographes, mot *Montluc*.

[116] Ce qui a pu induire en erreur Moreri et ses copistes ou imitateurs, c'est
que de Thou a placé dans son livre XLIV, où il rapporte les événemens de
1568, le récit de l'expédition de Madère; mais, en lisant avec attention ce
récit, ils auraient facilement reconnu que de Thou le fait remonter à l'an
1565. En effet, au commencement du livre (édit. 1620, ij, 530) il parle du
retour de Dominique de Gourgues, de son expédition en Floride, retour qui
eut lieu le 6 juin 1568; mais, avant d'en donner les détails, il juge à propos,
dit-il, de parler d'autres expéditions antérieures faites aux Indes. Alors il
raconte celles de Ribaud, qui eurent lieu en 1562, 1564 et 1565. Ensuite il
passe à celle de Montluc à Madère, en disant qu'elle se fit *eodem anno*, expressions qui se rapportent évidemment à 1565, et que Moreri aura cru
indiquer 1568. Ce qui prouve d'ailleurs qu'il s'agit de 1565, c'est qu'il dit
1° qu'elle se prépara après l'entrevue des cours de France et d'Espagne à
Bayonne, qui eut lieu précisément en juin et juillet 1565 (*ibid.*, lib. XXXVII,
pag. 321); 2° que c'est après cette expédition et celle de Ribaud qu'on entreprit celle de Gourgues (il en commence le récit à la fin de la page 537), qui
partit le 22 août 1567 (page 538), pour rentrer le 6 juin 1568 (page 539).

(*Addit.*) Gourgues fit en effet son expédition à cette époque. (*Chronique
Bourdeloise*, par GAB. DE LURBE, in-4°, 1619, f.° 41.)

[117] Il est bien clair que si Pierre de Montluc n'eût péri qu'en 1568, l'évêque,
son oncle, n'aurait pas eu intérêt à faire rendre, en mai 1567, l'édit de Saint-
Maur; car assurément il n'aurait pas pu prévoir alors que son neveu serait tué
l'année suivante.

Ces mesures extraordinaires annoncent, au surplus, qu'il y avait entre les
frères Montluc une union fort étroite, ce qu'il serait difficile de concevoir si
l'on admettait ce que dit M. de Lacretelle (*Histoire de France*, ij, 16) que
« le maréchal de Montluc, dans ses *Mémoires*, ne parle jamais de son frère,
» l'évêque de Valence, dont il condamnait sans doute les opinions et la poli-

Le conseil de ville de Grenoble n'avait pas un protecteur aussi puissant que Montluc. Il ne fut informé que tard de l'arrêt d'union. La première assemblée où l'on parle de démarches à faire pour conserver l'université est postérieure de trois mois, c'est-à-dire fut tenue le 12 septembre 1567 [118]; mais, le 29 du même mois, la seconde guerre civile religieuse éclata dans tout le royaume. Il fallut s'occuper de soins plus importans jusqu'à la publication de la paix, ou plutôt de la trève du 23 mars 1568, connue sous le nom de *paix boiteuse* ou *mal assise* [119].

On fit aussitôt des réclamations. Nous avons découvert, dans les archives de la mairie, une feuille chargée de ratures et apostilles, intitulée *Mémoires à présent dressés* [120], *pâques* 1568, et pâques fut le 18 avril. Nous y jetterons un coup d'œil, parce qu'elle donne une idée des opinions et de l'esprit du temps [120*].

» tique........ » Mais c'est une erreur. Le maréchal parle, au contraire, à diverses reprises, de son frère. Ainsi (tome II, livre VII, f.° 166, édit. 1593), il annonce qu'au mois de septembre, avant la bataille de Montcontour, c'est-à-dire au mois de septembre 1569, l'évêque était à Gaure; au mois d'octobre suivant (f.° 172), à Lectoure; au milieu de décembre (f.° 182), à Bordeaux... Ainsi, en racontant les événemens de 1570, il dit qu'au mois de juin l'évêque se rendit encore à Bordeaux, afin de chercher à se procurer des fonds pour l'expédition de Béarn projetée par le maréchal (f.° 190); que celui-ci ayant été blessé à l'assaut de Rabasteins (23 juillet), l'évêque ne le quitta jamais, jusqu'à ce qu'il le vît hors de danger (f.° 212).....

[118] *Reg. Mss. de Grenoble*, d. date, f.° 47.

[119] C'était par allusion, soit au peu de durée de cette paix et à l'inexécution de ses conditions, soit à ses deux principaux négociateurs, dont l'un, Armand de Biron, depuis maréchal de France, était boiteux, et l'autre, Henri de Mesmes, était seigneur de Mal-Assise. (Voy. DE THOU, ad ann. 1568, lib. XLII, in fine; — MORERI, mot *Mesmes (Henri de)*; — *Journal de l'Étoile*, édit. 1744, tome I, page 35, note de Lenglet.)

[120] Ils sont dans le sac 914, liasse 1re, pièce 13.

[120*] Ce mémoire est d'autant plus remarquable qu'il a été dressé et écrit par le procureur-général Bucher, comme nous venons de nous en assurer par une comparaison de l'écriture avec celle de diverses pièces, comparaison que nous n'avions pu faire lors de notre première édition.

On y observe d'abord que l'université est un privilége accordé
à la ville de Grenoble, et que tous les priviléges furent consacrés
par le transport du Dauphiné en 1349.....; mais pour que ce
moyen pût faire quelque impression, il n'aurait pas fallu, comme
on le fit, se borner à citer l'édit du dauphin Humbert, de 1340,
il aurait fallu insister sur la disposition déjà rapportée (ci-devant,
p. 8) de l'édit du 25 juillet 1339, savoir : que l'université créée
serait perpétuellement fixée à Grenoble, *ut in ea essent perpetuò
generalia studia utriusque juris, medicinæ et artium.*

Après avoir ensuite rappelé la restauration faite en 1542 par
le comte de Saint-Pol, l'édit de confirmation donné en 1547 par
Henri II (voy. ci-devant, p. 10 et 20), avec la clause *en tant
que de besoin*, qui laissait subsister dans toute sa force la création
primitive du dauphin, on passe aux moyens qui, dans ce temps,
devaient être les plus décisifs.

« Les écoliers catholiques, y dit-on, ne voudraient aller, ni
» leurs parens les laisser aller à Valence, où les deux principaux
» régens, MM. Cujas et de Bonnefoi, sont de prétendue reli-
» gion [121]..... »

Nous remarquerons, au sujet de ce passage, 1° que l'expérience

[121] On y reproche aussi aux Valentinois d'avoir favorisé la réforme, et,
entre autres, de n'avoir pas démantelé leur ville, comme le roi l'avait
ordonné.

Le premier reproche pouvait paraître fondé au moment où l'on dressa le
mémoire, c'est-à-dire le 18 avril 1568, puisque la paix du 23 mars précédent
n'avait été publié à Valence que le 15 avril, ce qu'on pouvait aussi ignorer à
Grenoble le 18, et que le chef des protestans, Miribel, n'avait point encore
remis les clefs de la ville (ce ne fut que le 19). Voy. *Reg. Mss. des conclusions
de Valence*, 12, 15 et 19 avril 1568.

Quant au second reproche, Chorier (*Histoire génér.*, ij, 601) et M. Dufau
(*Histoire de France*, xxx, part. II, page 23) disent, au contraire, sous l'an
1565, que les fortifications de Valence furent démantelées. Ces deux assertions
opposées pourraient se concilier, en admettant que les fortifications de Valence
furent réellement démantelées, mais seulement après la paix de 1568 ; de sorte
que Chorier et M. Dufau ne se seraient alors trompés que d'époque.

prouva bientôt la futilité de l'objection, car les leçons de Cujas attirèrent à Valence un nombre prodigieux d'élèves de tous pays; 2° que ce passage prouve que la religion de Cujas, sur laquelle les biographes modernes sont encore partagés, était au moins alors un problème, puisqu'on lui attribuait les mêmes opinions qu'à Bonnefoi, protestant déclaré, qui échappa avec peine aux massacres de la Saint-Barthélemi, et alla finir ses jours à Genève [122].

On observe ensuite, dans le mémoire, qu'on doit toujours craindre du désordre à Valence; que, par exemple, dit-on naïvement, « M. Hottoman, principal régent en 1566, qui était de » prétendue religion, y reçut un soufflet, puis s'en alla avec » cela [123]. »

On termine par soutenir que les élèves seront mieux à Grenoble, où il y a de plus éminens personnages.

· Ce qu'il y a de plus curieux dans cette pièce, ce sont les moyens qu'on indique à la fin comme devant être employés pour réplique aux objections de Valence. Ils montrent qu'on espérait surtout tirer grand avantage de l'hérésie des professeurs; car, prévoyant que les Valentinois pourraient rétorquer l'argument contre Grenoble, on dit qu'il faudra répondre que « MM. Athé- » née [123*], Riquier, de Boissonne et de Govéa, et autres docteurs

---

[122] Voy., sur ces divers points, notre *Histoire de Cujas*, à la suite de notre *Histoire du droit*, *Éclaircissem.*, §§ xj et xxij, pag. 529 et suiv, 591 et suiv.

[123] Il est certain qu'Hottoman quitta Valence à la fin de 1566, pour aller professer à Bourges, où il fut appelé par Marguerite de France, duchesse de Savoie et de Berri, et par le chancelier de l'Hospital, en remplacement de Cujas, que la duchesse avait aussi appelé à Turin. (Voir la même *Histoire*, page 390.) Cela résulte de la vingt-troisième préface ou épître d'Hottoman, datée du 13 avril 1567, et où il annonce qu'il est à Bourges depuis quelques mois. (Voy. d. préf., pag. 28, in oper. ejusd., tom. III, in fine, édit. 1600.) Mais nous ne trouvons nulle part rien qui soit relatif à l'aventure fâcheuse indiquée ci-dessus.

[123*] Voy. ci-dev., texte et note 38*, page 20.

» étrangers de l'université de Grenoble, allaient tous à la
» messe [125]**. »

Mais comme une simple allégation n'eût pas été de grand poids
par rapport à Gribald, à cause de l'éclat qu'avait eu son expulsion,
et par rapport à Loriol, qui devait être bien connu à Valence, où
il avait professé plusieurs années, on invite à donner sur leur
compte les explications suivantes :

« Les enfans et domestiques de M. Loriol allaient tous à la
» messe, et de lui ne s'est vu sortir aucune chose onéreuse, ni
» qu'il suivît oncques l'exercice de prétendue religion, fors qu'il
» *était* fort solitaire, et ne se *montrait* guère qu'à sa leçon [125]***. »

Voilà tout à la fois et un aveu naïf de l'hétérodoxie de Loriol,
et un éloge de sa manière d'agir; car la circonspection et l'exactitude sont certainement de grandes qualités dans un professeur.

« M. Moffa, » poursuit-on (il faut se rappeler que Mathieu
Gribald s'appelait aussi Moffa, et qu'il était seigneur de Fargies,
sur le territoire de Colonge, au pays de Gex, appartenant alors au
canton de Berne), « M. Moffa, durant sa première *conduite*, en
» 1543 et 1544, allait toujours à la messe : à la dernière, en
» 1560 [125]****, il disait ne pas oser, pour ce que ses biens étaient
» sous les Bernois, auprès de Colonge, qui les lui eussent ôtés. »

Nous doutons beaucoup qu'un tel motif eût justifié, auprès de
la cour de Charles IX, les Grenoblois d'avoir accueilli et soutenu
Gribald. Les protestans, il est vrai, tout comme les catholiques,

----

[125]** On aurait pu ajouter qu'ils donnaient le *pain bénit*, espèce de devoir
des catholiques aisés; du moins on trouve trois listes des membres de l'université qui l'avaient donné, dont deux datées de 1555 et 1557, et portant toutes
les trois le nom de Govéa. (Sac 570, liasse 1re, pièce 13; sac 914, liasse 3,
pièces 18 et 41.)

[125]*** On pourrait induire de ces expressions que Loriol n'existait plus, et
comme, d'une part, elles semblent indiquer un temps déjà un peu éloigné, et
que, de l'autre, Loriol vivait encore en juillet 1567 (voy. ci-dev., pag. 43 et
44), sa mort, dans cette hypothèse, aurait eu lieu vers la fin de 1567.

[125]**** Voy. ci-dev., pag. 12, 25, 27.

lorsqu'ils dominaient dans un pays, saisissaient ou taxaient les biens de leurs adversaires pour les frais de la guerre : les registres de Grenoble et de Valence en font foi[124]; mais les cantons suisses, loin d'avoir la guerre avec la France, étaient alors ses alliés; et leurs troupes, le 29 septembre 1567, six mois avant la rédaction du mémoire, avaient sauvé Charles IX que les protestans, commandés par le prince de Condé, avaient été au moment d'enlever[125].

On termine ce mémoire par dire qu'il faudrait faire une requête *lugubre* au roi, pour demander le maintien de l'université et la jouissance des revenus accordés sur les gabelles.

Nous ignorons si ce mémoire singulier fut présenté au roi; nous voyons seulement qu'en 1576 Henri III continua à l'université de Valence le prélèvement de 2,000 livres sur les gabelles, dont précédemment la moitié était donnée à l'université de Grenoble[126]; qu'en 1579, Catherine de Médicis étant venue à Grenoble, on réclama vainement auprès d'elle le rétablissement de l'université, et que le connétable de Lesdiguières ne réussit pas mieux dans la suite[127].

Mais le peu de succès de ces démarches ne porte aucune atteinte à la légitimité des titres qu'aurait pu faire valoir la ville de Grenoble, tels que l'édit de 1339, et il ne prouve pas non plus que l'université n'y fût point bien placée. L'expérience avait démontré le contraire pendant vingt-cinq ans, puisque les élèves y affluaient au temps de Gribald et de Govéa. Si celle de Valence

---

[124] Ainsi, à la fin de 1567, les réformés s'étant saisis de Valence, faisaient peser les frais de la guerre, dans cette ville, sur les catholiques, et ceux-ci, restés maîtres de Grenoble, les y faisaient supporter aux protestans. (Voy. *Reg. Mss. des conclusions de Valence*, 8 décembre 1567 et jours suivans; — *Idem de Grenoble*, 26 décembre 1567 et jours suivans, et 19 février 1568.)

[125] DE THOU, *Histor.*, lib. XLII, ad ann. 1567.

[126] *Transaction de* 1582, sac 914, liasse 1re, pièce 14.

[127] CHORIER, *Hist. génér.*, ij, 688, 612.

acquit bientôt une grande réputation sous le professorat de Cujas, ce fut précisément à l'aide des secours que lui fournit la suppression de l'université de Grenoble, puisque, sans cela, d'après l'aveu de son conseil de ville, elle n'eût pu mettre à sa tête le premier jurisconsulte du monde.

Il est probable d'ailleurs, et c'est aussi l'opinion générale dans nos pays, que jamais les autorités administratives et judiciaires de Grenoble ne renoncèrent aux droits de leur ville, et que, de temps à autre, elles essayèrent de faire entendre leurs réclamations au gouvernement [128].

Il y prêta enfin attention vers le commencement du XVIIIe siècle, lorsque la décadence de la première université du ressort de notre ancienne cour supérieure, Valence, et la nullité complète de la seconde, Orange, prouvèrent par des faits matériels combien l'on s'était trompé sous Charles IX, lorsqu'on avait supprimé celle de Grenoble.

Dès le 13 septembre 1732, sous le ministère et d'après l'impulsion de l'illustre chancelier d'Aguesseau, un arrêt du conseil créa une commission pour examiner l'état des deux universités. Elle fut composée du premier président et du procureur-général au parlement de Grenoble, MM. de Grammont et Vidaud de la Bâtie, de deux conseillers à la même cour et de l'intendant de la province de Dauphiné, M. de Fontanieu, et l'on ordonna aux deux universités de lui remettre leurs titres et leurs registres de dix années. La

---

[128] C'est ici que finissait notre premier travail, lorsque nous le soumîmes à la Société des sciences et des arts de Grenoble, le 23 septembre 1819. Les faits suivans ont été puisés pour la plupart dans le compte rendu de M. de Sauzin et dans le mémoire du parlement de Grenoble (voy. ci-après, p. 57), imprimés en 1765 par ordre de cette compagnie, et intercalés ensuite dans le tome XXIV des édits par elle enregistrés (Grenoble, in-4°, chez Giroud); compte et mémoire que nous allons citer, et qui nous furent indiqués, apres la séance, par M. Jourdan, membre de la Société.

Au reste, nous avons aussi fait à ce qui précède beaucoup d'additions, surtout aux notes, d'après diverses recherches postérieures à la première lecture.

commission, après avoir en vain attendu la remise de ceux de Valence, donna, le 30 août 1738, son avis, dont la conclusion était qu'il fallait supprimer l'université d'Orange, et transférer celle de Valence à Grenoble.

Les deux universités réclamèrent à leur tour, comme n'ayant pas été entendues. On renouvela la commission en 1742. MM. de Sauvigny et de Piolenc y furent substitués à MM. de Fontanieu et de Grammont. L'université de Valence leur envoya, au mois de février, des députés avec ses titres. Enfin la seconde commission donna, le 12 février 1744, un second avis en tout conforme à celui de la première.

Malgré cette autorité imposante, et quoique le dépérissement des études à Valence devînt chaque jour plus sensible, et que le parlement fît de temps en temps quelques tentatives, les choses restèrent dans le même état jusqu'en 1764.

Il en essaya une nouvelle cette année. Par arrêtés des 24 juillet, 6 septembre et 28 novembre, il chargea M. de Sauzin, un de ses conseillers, de faire des recherches, et de lui présenter un rapport sur la même matière. Ce magistrat, aidé des documens qu'il trouva dans l'avis de la seconde commission [129], soumit son travail aux

---

[129] Il avoue (page 21) que l'avis de la commission lui fut fort utile pour le précis historique par lequel il commença son rapport ou compte rendu.

Ce précis historique énonce quelques-uns des faits que nous avons rapportés au commencement de notre travail; mais il garde le silence sur presque tout ce qui s'est passé au XVIe siècle, entre autres, sur les événemens relatifs à l'enseignement de notre université, à ses professeurs, à son union à celle de Valence, etc., etc. Enfin, dans le petit nombre de ceux qu'il rapporte, il y a des inexactitudes. C'est que, chose assez étrange, les commissaires, et successivement M. de Sauzin, se sont bornés à consulter Valbonnais et les titres remis par les universités de Valence et d'Orange. Ils n'ont compulsé ni les auteurs contemporains, ni même les registres de la mairie de Grenoble qui étaient pour ainsi dire sous leurs mains. Il est vrai que, pour y découvrir les faits retracés ci-devant, nous avons été obligé d'examiner les délibérations d'une trentaine d'années, où ils sont épars, examen que la mauvaise écriture et les abréviations du temps, l'obscurité des rédactions, etc., ont rendu très-long et très-difficile.

chambres assemblées, le 11 décembre 1764. Enfin, le 20 mars 1765, le parlement présenta au roi un mémoire où, adoptant d'abord une opinion précédemment émise par le chancelier d'Aguesseau [130], il proposait de supprimer les deux universités d'Orange et de Valence, et d'en créer une à Grenoble pour les remplacer.

Il demanda ensuite, dans le cas où l'on trouverait trop de difficulté à cette opération, de supprimer la première université et de transférer la deuxième à Grenoble, et, en dernière analyse, si les suppressions répugnaient trop, de créer une troisième université à Grenoble.

Les motifs, soit du mémoire du parlement, soit du rapport de M. de Sauzin, sont, entre autres, que la situation des deux universités de Valence et d'Orange est vraiment déplorable; que la première, depuis l'érection de l'université de Turin, surtout depuis celle de la faculté de droit de Dijon, en 1723, réduite à quelques élèves du pays, est tombée dans un état de langueur dont elle ne s'est plus relevée; qu'à celle d'Orange, dès le XVIe siècle, on ne faisait pas « et on ne fait jamais à présent aucune » leçon; que les actes s'y réduisent exactement à ceux que ré- » pètent, à l'improviste et en courant, les voyageurs à qui l'on » confère des degrés : le reste des examens et des études est feint » et simulé [131]. »

Cette démarche, encore plus imposante que celle des commissions de 1738 et 1744, surtout eu égard à ce que les mémoires du parlement et de M. de Sauzin furent rendus publics par la voie de l'impression, n'eut pas néanmoins plus de succès. Les mémoires furent oubliés; l'université d'Orange ne reprit point ses leçons; le nombre des élèves de celle de Valence ne s'accrut point; car, au moment de la révolution, l'on y en comptait à peine une dou-

---

[130] Ainsi, l'établissement d'une école de droit à Grenoble a en sa faveur le suffrage du plus grand magistrat du XVIIIe siècle.

[131] *Mémoire du parlement*, pag. 51 et 52.

zaine, quoiqu'elle eût des professeurs du plus grand mérite [152] ; et toutes les deux ne continuèrent pas moins, jusqu'à leur suppression, à conférer les grades, dits *per saltum*, à tous les particuliers qui en avait la fantaisie ou le besoin, et auxquels leurs affaires permettaient de séjourner dans ces villes pendant les deux jours qui suffisaient aux cérémonies des inscriptions, des examens et des actes [155].

Au reste, la justice des réclamations du parlement de Grenoble a été depuis prouvée de la manière la plus décisive par l'état florissant de la nouvelle école de droit de cette ville. Dès son érection, vers 1805, sa prospérité est toujours allée croissant, quoiqu'on y ait tenu à l'observation des règles, soit quant aux inscriptions, soit quant à l'assiduité des élèves, soit quant à la rigueur et à la publicité des examens et actes, avec une sévérité bien opposée au

[152] Entre autres M. Planel, actuellement doyen de la faculté de droit de Grenoble.

(Addit.) Lors de la réorganisation de cette faculté en 1824 (voy. ci-dev., note 3*, page 6), cet excellent professeur fut mis à la retraite (il est mort le 14 décembre 1828, à l'âge de soixante et quinze ans), et il en fut de même de feu M. Pal, sous-doyen, et non moins habile dans l'enseignement.

M. Planel a publié une *Dissertation sur la donation des biens présens et à venir, dans le rapport de la substitution en faveur des enfans nés du mariage.* Grenoble, 1816, in-8°.

On peut encore citer au nombre des professeurs dont l'université de Valence se glorifiait avec raison :

1° M. Brohard, auteur d'un *Commentaire sur l'édit des hypothèques de 1771*, mort en 1787 ;

2° Antoine Marville, à qui l'on dut, au XVIIe siècle, la révision et la publication d'un des ouvrages les plus savans et les plus utiles, soit pour le droit, soit même pour l'histoire, le *Codex Theodosianus* de Jacques Godefroy. Lyon, 1665, 6 volumes in-f.° (Voir, au sujet de cet ouvrage, STRUVE, *Bibliotheca juris selecta*, in-8°, 1756, p. 31.)

[155] Nous pouvons l'assurer d'après un témoin que nous devons bien connaître (voy. note A, pag. 64 et suiv. de notre *Discours sur l'enseignement du droit*, 1838). Au surplus, ces abus s'étaient introduits dans la plupart des universités bien long-temps avant les réclamations du parlement de Grenoble, et le gouvernement, avant la révolution, avait le projet d'y remédier. (Voy. même *Discours*, pag. 32 et suiv.)

relâchement étrange, ou plutôt scandaleux [133*], qui s'était depuis si long-temps glissé dans presque toutes les anciennes académies du royaume.

[133*] Cette remarque s'applique aussi, surtout pour ce qui concerne les examens et les actes, à l'école de droit de Paris. (Voy. même *Discours*, p. 49 et suiv., et p. 72 et suiv.)

FIN.

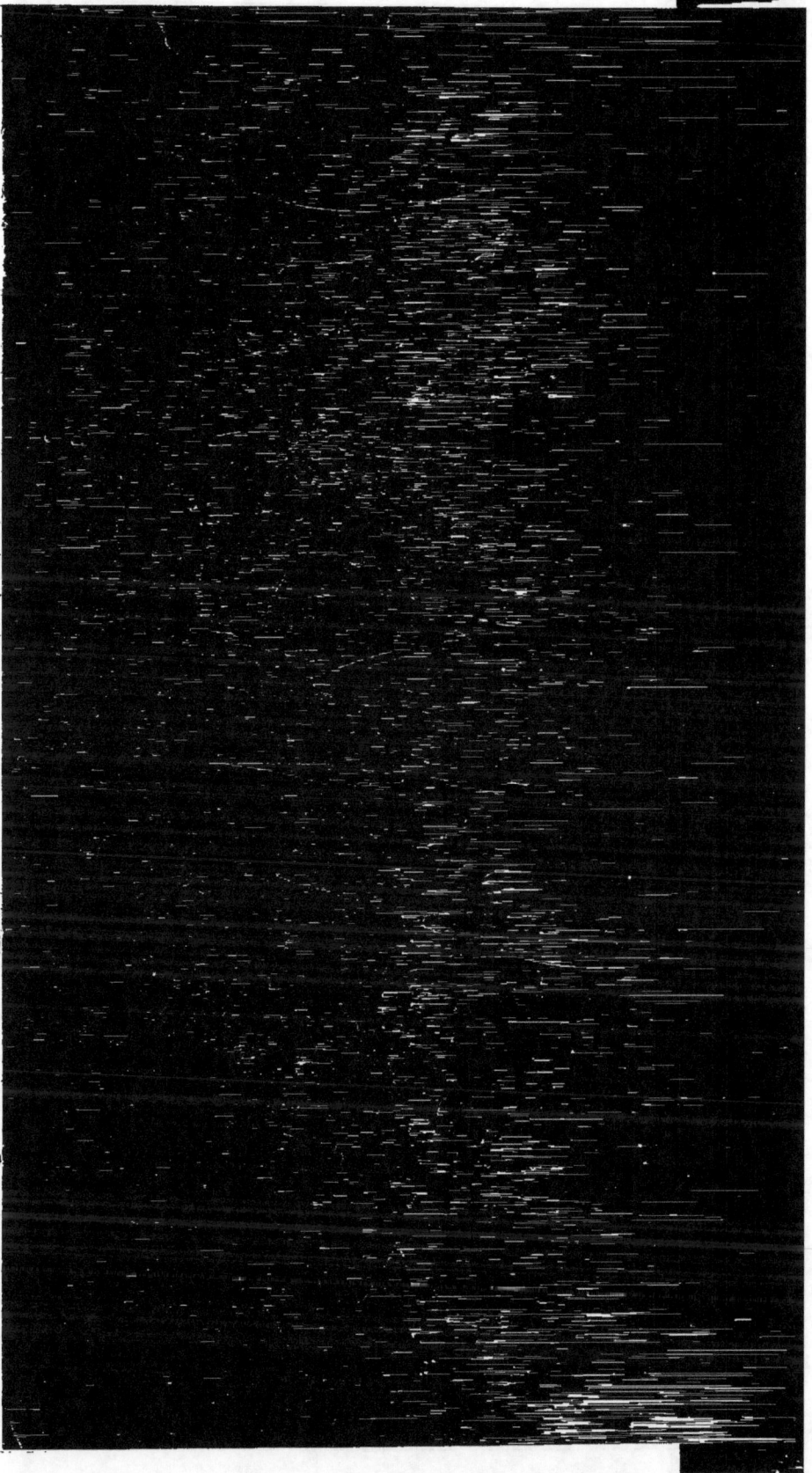

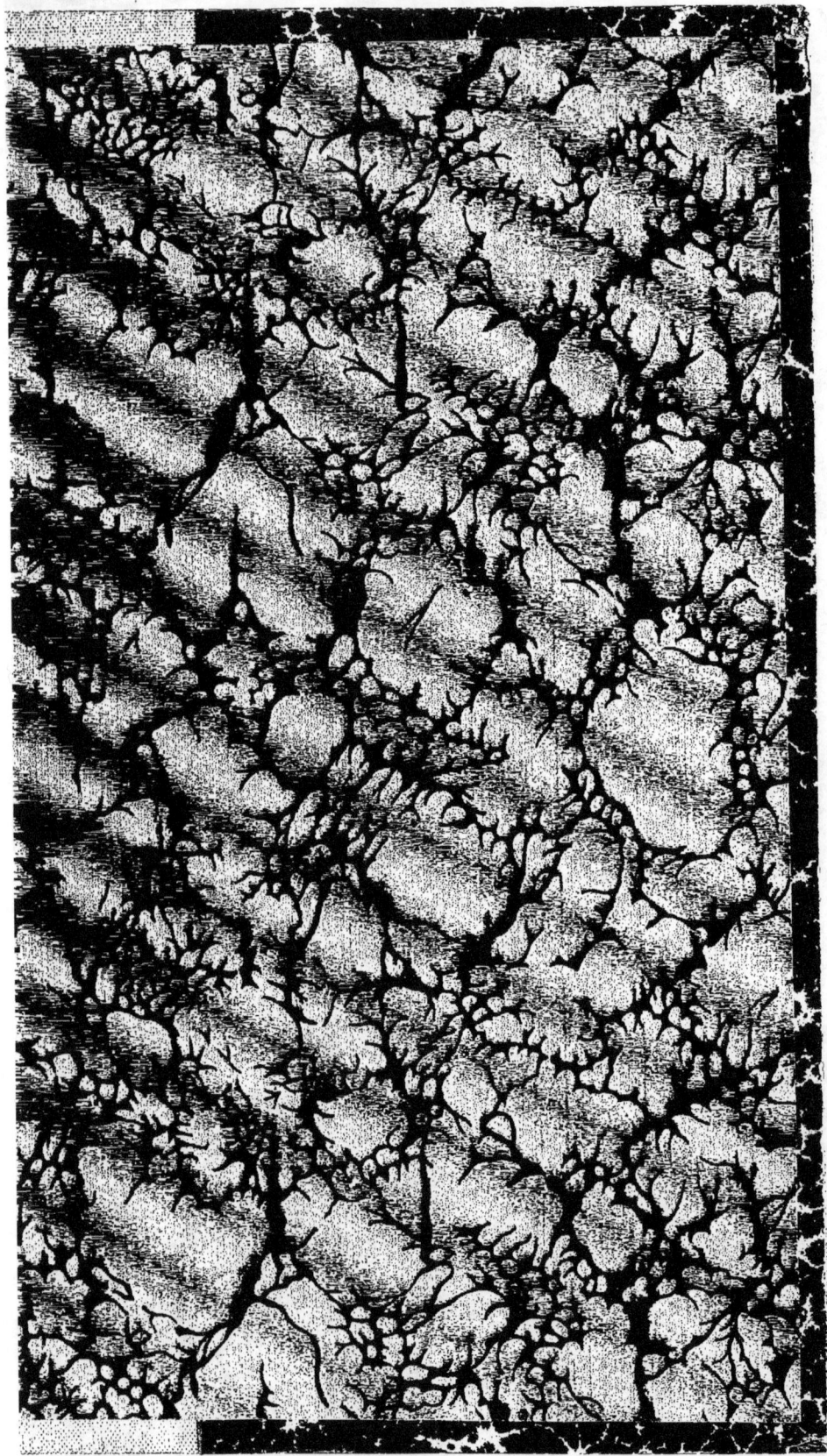

www.ingramcontent.com/pod-product-compliance
Lightning Source LLC
LaVergne TN
LVHW021725080426
835510LV00010B/1142